ダメになるほど豊かになれる

スピリチュアルコンサルタント
タマオキアヤ

廣済堂出版

contents

ダメになるほど豊かになれる

序章　「自分を変えなければいけない」は正しいのか？

ダメな自分のままではシアワセになれない？…… 10
ダメだしは他人からやってくる…… 11
ココロからシアワセになること…… 12
ダメなままでも生きられる…… 15

1章　「ダメな自分」はいつ誕生した？

生まれたときはダメじゃなかったのに……… 20
ダメになったのはいつ？…… 21
ダメだしは年齢とともに増えていく…… 23
素の自分を反省する自分…… 25
わたしが「ダメ」を意識するようになった理由…… 28
いつの間にか、だれかのために生きている自分に…… 30
シアワセの基準はだれが決めている？…… 33

contents

◉「ダメな自分」が誕生するのは自然なことなんです……35

2章 「ダメはダメじゃない」ほんとうの理由

◉ダメって、ほんとうにダメなんですか？……42
◉ダメな自分をぶつけてみたら……46
◉ダメは意外にダメじゃない……50
◉「本音をだす」と「ダメな自分をだす」は同じこと……52
◉人間も地球も目に見えないものから出来ている……56
◉実験前に描いた仮説……60
◉もうガマンの時代は終わったのです……65
◉ダメはダメじゃなくなる……70

3章 「ダメなまま」で生きればうまくいく

◉わたしたちは、なんのために生まれてきた？……76
◉他人と自分、どっちの基準で生きてきたかをチェック……79

4章

ダメな自分に戻るのが不安なあなたへ

◉ ガマン＋クロウ＝シアワセ？……82
◉ 根深いガマン信仰……84
◉ 「子どものころがいちばんシアワセ」じゃなかったですか？……87
◉ ガマンしてもシアワセになれなかったわたし……89
◉ 逆算をやめれば、ダメなままでうまくいく……90
◉ アタマとココロは逆の動きをする……94
◉ アタマとココロの綱引き……96
◉ アタマはココロよりえらくない……98
◉ アタマとココロの上下関係が変わった……102
◉ 本音の時代はすでに始まっている……106
◉ ダメだったころの自分に戻る……110
◉ プライドを捨てないと、ダメな自分に戻れない……113
◉ ダメなワタシを受け入れる人とは……116

contents

◉「ほんとうの自分」ってなに？……126
◉その自分、ほんとうに自分ですか？……128
◉どうすればダメな自分に戻れる？……130
◉自分を縛っているものの正体を知る……132
◉正体不明の自縛霊……135
◉ニセモノの自分との闘い……136
◉いま苦しいのは気づくため……138
◉本音を出したらこうなった！……140
◉「ダメな自分」のほうが恋愛もうまくいく……145
◉「さげまん」のメカニズム……147
◉「あげまん」のメカニズム……150
◉「ダメな自分」こそ愛される……155
◉「ダメな自分」を消してしまうことはできない……160
◉本音を言いあわないふたりは危ない……162
◉本音と文句はちがいます……164
◉おわりに……166

contents

ダメトレ成功体験集

——ダメな自分に戻ってシアワセになったわたしたち

ダメトレ成功集1
■素に戻ると、私って天才だったんだってわかる……172

ダメトレ成功集2
■アラフォーで下着モデル。プライドを脱ぎ捨てたその結果……175

ダメトレ成功集3
■障害者だけど、好きな仕事をしてます！……177

ダメトレ成功集4
■夫や周りの人からも、頑張らなくても愛されると知りました。……179

ダメトレ成功集5
■給料が減る選択をしたのに、シアワセになりました。……181

序章

「自分を変えなければいけない」は正しいのか？

◉ダメな自分のままではシアワセになれない？

本屋さんに行くと目にする、たくさんの自己啓発本。

その多くには「シアワセになる方法」が書かれていると思います。

シアワセになるにはいろいろな方法があると思いますが、それらをくくってしまえば、「どうしたら、今のダメな自分を変えられるか」という方法が説かれている本が多いと思います。

「今日から生まれ変わる」

「こうしたらもっとポジティブになれる」

こんなことを言われて、その気になって取り組んだ人もたくさんいるはずですよね。

つまり、シアワセになるためには「自信がなくて落ち込んでばかりいる今のダメな自分を、わたしの○○メソッドを使って劇的に変えなさい」というわけです。

でも、この本は違います。

「ダメな自分のままでシアワセになる」

これがテーマです。

◉ダメだしは他人からやってくる

そもそも、誰からも何も言われないのに、自分のことを自分で「ダメ」だと思う人ってあまりいませんよね。

自分に厳しい人は、自分にダメだしすることもあるかもしれません。

でも決定的なのは、周囲から「あの人はダメだ」と烙印を押されることでしょう。

「あなたは何でそんなにグズグズしているの？」

「そんなことでは良い大人になれないよ」

子どもの頃、親から言われたダメだしは決定的です。

そういう経験が積み重なると、「自分はダメ人間だ」と自己肯定のできない人間になってしまう。そういうものではないでしょうか。

「ダメな自分」は自分の評価ではなくて、他人からの評価だという場合がほとんどだと思います。

自分で自分のことをダメだと思う場合でも、それは親だったり会社の人だったりの期待に応えられない自分がイヤになり、自分にダメだししてしまう。

結局は人からの評価が「ダメな自分」をつくってしまうのです。


それで、みんな「変えなきゃ」「変わらなきゃ」「変わろう！」と力んでしまう。

そういう人が本屋さんに行くと、「変わりましょう」と力説している自己啓発本が妙にフィットする。

それで、「やっぱり変わらなきゃ」と確信に至るのではないかと思います。


でも、考えてみてください。

「ダメな自分」も自分。

そんな簡単に自分を変えられるものでしょうか？

⦿ココロからシアワセになること

「ダメな自分」をどこかにしまい込む。

「そんな自分は最初からいないんだ」と思い込む。
そして、「変わるんだ！」と大変身を果たす。
でも、果たしてそれが長続きするでしょうか？
というか、それで本当にシアワセになれるんでしょうか？
そんな疑問が湧いてきます。

わたしが思うのは、「ダメな自分」こそ本当の自分だということです。
本当の自分を捨ててしまって、それで本当のシアワセがつかめるでしょうか？　と
いうことです。

「ちょっと待って。ほんとうのシアワセって何？」
そうですよね。人それぞれにシアワセの定義は違いますよね。

有名になること。
お金持ちになること。

美人（美男）になること

そういう人もいるかもしれません。
でも、それってどちらかというと、人がうらやむようなシアワセ基準です。
「あの人って、あんなにお金持ちで（美人で）シアワセね」
人からそう言われるようなシアワセです。
もちろんそういうシアワセは確かにあります。
だれだってお金があって美人のほうがいいですよね。
でも、わたしが思うシアワセとか成功とかって、ちょっと違うんです。
人から言われるシアワセじゃなくて、ほんとうに自分が感じるシアワセ。
「イヤだけどお給料いいし」と働いていたらシアワセじゃない。
たとえば、
誰かにやらされているのではなく、「これがしたい！」と心底思えるような好きな仕事をする。
愛するパートナーと、素直に嬉しい、楽しい！　と思いながら暮らす。
他人がどう思おうと、自分がココロから「シアワセです」と言えるシアワセ。
そういうシアワセが一番だと思っているのです。

言ってしまえば、本音のシアワセ。
ちょっとかっこ良すぎますか？

◉ダメなままでも生きられる

よく「本音で叶えたいことを書いてみてください」というと、「お金が欲しい！」と書く人がいます。
でも、それは本音ではないと思います。お金さえあればシアワセという人はいないはずです。

職場の人間関係に悩んだりせず、自分が好きな仕事に打ち込む時間をたくさん持てる。

自由な時間を満喫できる。

こういうのが本音で、そのためにお金が必要ということでしょう。

わたしだってお金は欲しいです。

ただ、あくまでも、好きなことを仕事にした結果、お金になったらいい、ということで、ただお金が儲かればいいとは思いません。

いちばん欲しいのは、自分がココロの底からそう思える本当のシアワセ。

自分が存在する意味を知り、やりたいことがやれて、人とのつながりがあり、人生を喜び楽しむ、そういったシアワセです。

「ダメな自分」って、つくられたもの。

親とか会社とか共同体の暗黙のルールとか掟とか、そういう基準からはずれたり、クリアすることを求められているハードルを越えられないから「ダメなワタシ」、「ダメなオレ」が生まれるんですよね。

本当の自分、本音の自分が生きる道があるなら、それを探したほうがよくないですか？

あるのですよ、ダメな自分のままでシアワセになる方法が。

わたしは女性ですが、わたしが見つけたこの方法は、男女を問わず、です。

その理由は、あとでじっくり書きますが、とにかく、**「素の自分のまま」「ダメな自分のまま」でシアワセになる方法**を見つけに行きましょう、というのがこの本です。

ですから、安心して読み始めてくださいね。

1 章

「ダメな自分」はいつ誕生した？

◉生まれたときはダメじゃなかったのに……

自分をダメだと思っている人は多いと思います。
わたしのセミナーにいらっしゃる人たちにもたくさんいます。

人間関係がうまくいかないダメな自分
仕事がデキないダメな自分
異性とお付き合いがいつもうまくいかないダメな自分
なにをやってもつづかず、途中で投げだすダメな自分

ダメな自分を書きだしたら、いくつもでてくる人もいます。

自分に「ダメ」のレッテルを貼りまくっている人たち。
じゃあ、わたし自身はダメじゃない人間なのかというと、全然そんなことはありません。

その話はあとでしますが、なぜ、みんな自分をそんなにダメだと思ってしまうのでしょう。

生まれたときから体に「ダメ」の刻印が押されている人はいません。

赤ちゃんの足の裏を見たら「ダメシール」が貼られていた、なんてことはないのです。

なにをバカなことをいっているんだと思うかもしれません。

でも、そう考えれば、最初からダメな人はいないということがわかる。

もっと考えていったら、ダメの起源がわかるかもしれません。

ダメになったのはいつ？

じゃあ、いつからダメになったの？　ということです。

いっしょに子どものときのことを思いだしてみてください。

そういえば、小学校1年生のとき、学校でおもらしをしてしまった。

そういえば、小学校で九九をおぼえるのが遅くて母親に怒られた。

そういえば、みんなできるのに、自分だけどうしても逆上がりができなかった。

そういえば、みんなできているテストの問題が自分だけできなかった。

そういえば、そういえば……。


こんな経験はだれでもあるでしょう。

「ダメだなぁ、わたしって」

そんなときにココロのどこかでこう思ったんじゃないでしょうか。


いや、小さなころは、そんな自分を客観的に見るような言葉なんてでてきませんよね。

言葉にはできないけど、自分がちょっとイヤになったりする経験。

自分への軽いダメだし経験。

「手を汚しちゃダメ！」

「アブナイからダメでしょ！」

親からもダメだしはきますが、このころはまだダメージも小さいです。

でも、小さな傷が知らないあいだに積もり積もっていきます。

⦿ダメだしは年齢とともに増えていく

いつまでも幼い自分じゃありません。

1年生、2年生、3年生。

4年生にもなると10歳ですから、自分というものをはっきり意識するようになってきます。


このころになると、自分に対するまわりの扱いも変わってきます。

「いつまでも子どもじゃないんだから、しっかりしなさい！」

「人に迷惑をかけちゃダメ」

「もっと頑張らないとダメでしょ」

親からの愛のムチ。


「え〜、今までなにもいわなかったのに〜」

理不尽な思いを抱きながらも、背筋をピンとさせたことがありませんか？


「ここで甘やかしたら、良い子にならないから。この子のためよ」

親の気持ちはこうでしょう。

だから、ダメだしはどんどん増えていきます。


「○○ちゃんみたいに、しっかりしなさい！」

「△△ちゃん、きちんと挨拶できていい子よね〜」

「すごいね、××ちゃん。また満点とって」

「○○ちゃんは走るのが早いなあ」

などなど、他人と比較する言葉もどしどしやってきます。

覚えはありませんか。


親だけでなく、学校の先生からもダメだしされることもありますよね。

なにしろ、先生たちは、子どもたちを良い子、デキる子にしたい。

使命感の強いマジメな先生ほど、愛のムチを入れるかもしれません。

◉素の自分を反省する自分

大人たちから貼られた自分のダメシールを見て、子どもはどう思うでしょうか。

「わたしの良いところを見ないで、小言ばかりいって」

「大人はわかってくれないんだから」

そんなふうに否定したり、反抗したりできる子はいい。

他人の評価なんか寄せつけない、自信に満ちた子もいると思います。

でも、なかなかそうはいかないのですよ、これが。
ふつうの子は「反省」してしまうのです。
「ダメなワタシ」「ダメなボク」がここに誕生します。
そして反省。

「もっとしっかりしなくちゃ」
「もっとがんばらなくちゃ」
「いつまでも甘えてちゃダメなんだ」

反省して良い子になろうとするのです。
自分はダメな子なんだから、ダメじゃない子にならなくちゃいけない。
そうしないと認めてもらえない。
そうしないと大人になってひどい目にあう。
そういう思考になるのです。

素の自分はダメな自分
↓
だから自分を変えていかないといけない

子どものときに、こういう思考のクセがついてしまうと何が起こるでしょうか。

他人からダメだしをされたときにいつもこう思うようになります。

「もともとのダメなワタシが悪い」

「ダメなワタシがもっと変わらなきゃ」

これをくり返していると、そう思わない自分が許せなくなるんですね。


素の自分から脱却して、ダメな自分をダメじゃない自分に変える。


これが正しい道、進むべき道。

こうなると、素の自分はダメな自分ですから、それを見つけては捨て、見つけては捨て。

もともと自分がまとっていた服を、一枚一枚脱ぎ捨てていくことにやっきになっていくのです。

◉わたしが「ダメ」を意識するようになった理由

かくいうわたし自身がまさにそうでした。
だからわかるんです。
ダメな自分をなんとかしなくちゃとあせっている人たちの気持ちが。

小学校のころまでのわたしは、そうではなかったと思うのです。
好きなことは一生懸命やるけれど、嫌いなことはやらない。
親や先生からあれこれ言われることはあってもマイペース。
のほほんと暮らしていることにシアワセを感じていたと思います。

そんなわたしが変わっていったきっかけは、13歳の中学生のとき。

父が亡くなってしまったんですね。
母の苦労が始まります。

ここはわたしががんばって母を楽にしてあげなければ。
それには、今の自分のままではいけない。
子どもながらにそう感じたのだと思います。

素の自分はダメな自分。
よし、変えていかなくちゃ。
そう思ったのです。

そうなると、それまであまり気にしていなかったまわりの視線が気になってきます。
なにしろ、自分を変えていかなくちゃいけない。

どう変えるか。

周りの人たちの期待に応える自分。

人に評価される人間になるということです。


同級生や先生からちょっとダメだしの言葉がくると、
こんなことを言われるようじゃダメ。

言われないような自分に変わらなきゃ……反省。

こんなこと言ったら嫌われるかも……反省、反省。

こんなテストの点数じゃダメ。学年でこれくらいの順番にいないとお母さんが悲しむ……反省、反省、反省。


相手の期待や反応を先読みし、ダメだしされないようにがんばる。

そうやってダメな自分を変えていったのです。

◉いつの間にか、だれかのために生きている自分に

今でこそ、こうやって振り返ることができます。

でも、その渦中にいるときは、なにもわかりませんでした。

ほんとうはイヤだけど、だれかのためにがんばっている。

なんて、思いもしません。

仮に思ったとしても、そうやってがんばっている自分こそ、あるべきほんとうの自分なんだ。これが正しい自分なんだと思い直したことでしょう。

なにしろ、それまでの自分はダメで愚かな自分であって、あるべき自分ではないのですから。


10代のころ、こういうわたしみたいな経験をした人は、わたしのセミナーにもたくさんいます。


「こっちに進んだほうがぜったいに将来安心だから」

「こうすればシアワセになれるから」

そう親に言われたとおりの道を歩いてきた。

大学を出て、名のある会社に勤めて数年。

「そろそろ結婚して子どもを産んだら？」


もちろん、こういう人に決めてもらう人生がラクでいいという人もいると思います。

それで満足なら、他人がとやかく言うことではありません。

でも、そうはいかない人がけっこういるのですよ。


「わたしの人生ってなに？」

「期待に応えようと生きてきたけど、ほんとうにこれでいいの？」


こんな？が一つわいてくると、もう止まりません。

二つ、三つと疑問符が増殖していって、親の言うことがどんどん重荷になってくる。

そんなとき、ネットを見ると、「本音で生きればいいんですよ」とのたまわっているタマオキアヤなる存在が妙に気になって……。

とまあ、こういうことになるわけです。


つまり、気づいてしまうのです。

自分は自分以外のだれかのために生きてきたんじゃないか、と。

それがこの息苦しさの原因だったんだ！　と。

◉シアワセの基準はだれが決めている？

親や周囲の期待に応えようとがんばってきた人たち。

わたしもそうでした。

いまの自分はダメなんだ。もっとがんばって、ダメじゃない、スゴイ自分にならなくちゃと走りつづけ、息苦しくなっていったのです。


仮に、あなたもそういう人だったとしましょう。

考えてみれば、あなたに期待し、あなたに「ダメ」の意識を植え付けただれかは、悪意でそうしたわけではありません。

それどころか、あなたにシアワセになってもらいたい、ちゃんとした大人になってもらいたいと思ってそうしたはずです。

悪意なんかじゃなくて、むしろ好意だったり、愛情だったり。

それなのに、なぜそれがあなたを苦しめてしまうのでしょう。

それは、だれかが「あなたがこうなればシアワセになれるはず」と考えた「こうなれば」に原因があるような気がします。

「いい大学を出て、いい会社に入って、いい人に出会って……」

だれかが考えてくれた「シアワセへの道」とは、だいたいこういうものでしょう。

「あなたがやりたいことをやりたいようにやれば、シアワセになれるのよ」

なんて、言ってくれた人がいるでしょうか？

もしいるなら、なんて恵まれた方だと思います。


ある人のためにだれかが考えるシアワセは、たいていの場合、あなたにとってのシアワセではなくて、その社会の多くの人が考える「シアワセ基準」といったものです。

言い方をかえれば、社会常識といってもいい。

だから、それがあなたにとっての「ココロからのシアワセ」とズレているのは、当たり前なのですね。

◉「ダメな自分」が誕生するのは自然なことなんです

「○○ちゃんはいいわよね〜。△△大学に受かって」

「××会社に入ったんだって？　いいな〜」

こういうのがシアワセ基準、社会常識。

名のある学校や企業に入ると、もれなく「シアワセ・シール」がもらえるみたいなものではないですか。


でも、そんなシールをもらったからその人がぜったいシアワセになれるなんて、シールをあげた人だって思っていませんよね。

思っていないけど、その人にとってのほんとうのシアワセ、シアワセへの道なんて、だれもわからないから、とりあえず確率の高そうな基準値を言うだけ。

それが常識というものなんですね。


他人はただ社会常識を言っているだけ。

だから、最初から参考程度にしておくのがいい。

でも、それを言っているのが産みの親だったり、恩師だったりすると、ついそっちへ行ってしまいたくなるのです。

だって、自分のことを思い、目をかけて育ててもらった人たちですからね。

そういう人たちの期待に応えたいと思うのは、自然なことなのです。

だから、なかなか気づかないのです。

だから、やっかいなんです。


自分に愛情をかけてくれる人たちが、自分の将来のことを思って言ってくれるのが「ダメだし」の言葉の数々。

それはたしかにそうで、考えたらありがたいことなんです。

だったら、そんな人たちが間違ったことを言うはずがないよね？

そう思うから、もともとの自分はダメなんだと感じてしまう。

そう思うから、がんばって変えていかなくちゃいけないと思う。

「素の自分はダメな自分」ということを認めて、変えていくほうが、うまくいく未来が待っているような気がするのは、こういうことなのです。

かくして、

自分のなかに「ダメな自分」という素の自分がいるんだ

↓

素の自分はダメなんだ

そう認知されます。

同時にそれは、社会的価値のない、捨て去るべき存在ですから、あなたを苦しめるようになるのです。

では、なぜ「ダメな自分」をなかなか捨て去ることができないのか。

そして、「ダメな自分ってほんとうにダメなの?」ということを次の章で考えてみたいと思います。

1章のまとめ

- 生まれたときからダメな人はひとりもいない。
- 大きくなるにつれ、親や教師からダメだしがやってくる。
- 「ダメ」の意識が芽生え、自分で自分にダメだしをするようにもなってくる。
- 「ダメな自分を変えなければいけない」と強く思うようになる。
- あなたのためを思って他人が言う「シアワセ基準」とは、社会常識のことである。
- 結局、「ダメな自分」は他人によってつくられる。

2章

「ダメはダメじゃない」ほんとうの理由

◉ダメって、ほんとうにダメなんですか？

だれかが自分の将来のためによかれと思って、あなたに「ダメ」の刻印を押す。

「そりゃそうだよな」と、それを受け取ったあなたは、ダメな自分を変えたいとがんばるようになっていく。

そうやって「ダメな自分」がつくられていく。

前章でそんな話をしました。


でも、それっていけないことなの？


そう思う人もいますよね。

「ダメなことをダメって言われて、その人が目覚めてシアワセになっていくなら、それでいいんじゃない？　なにか問題ある？」と。


そうですよね、問題ないです。

ほんとうにダメなんだったら。

ダメを反省してほんとうにシアワセになるのなら。

でも、こうなったらシアワセになれるよと言われて、そのとおりに生きて、シアワセになれない人がたくさんいるから困るのです。

で、どうしてそうなってしまうのかと、つらつら考えてみたのです。

わたし自身がそうだったのですから、自分のことを考えるのが手っとり早い。

そうすると、すごくシンプルな結論がでてきたのです。

じつは、ダメはダメじゃなかったんじゃないか、と。

なにを言っているの？　と思われるかもしれませんね。

「人間は年齢とともに成長していくんだから、最初はみんな、欠けているところがいっぱいあるダメな存在でしょう。

それが、親だったり教師だったり友だちだったり、いろんな人に導かれて一人前の大人になっていく。そういうものでしょう」

こう力説する人がいるかもしれません。

そう、それはそうなんですよ。

だれだって、もともとは欠けているところがたくさんあるものです。

でも、それって「ダメ」なんでしょうか、ということです。

前の章で書いたように、ダメの定義はこうです。

社会で生きていく上で人に評価されないだろう部分。

言ってしまえば、社会常識からはずれる部分。

こういうダメな部分を残したまま大人になると、人生がうまくいかないだろう。

シアワセになれないだろう。

だから、「ダメ」と言っているわけです。

だったら、人生がうまくいったり、シアワセになれたりすれば、そうは言えないはずです。

ダメはダメじゃない。

こうなるのではないでしょうか。
じつは、この考えにいたったわたしは、それを実験してみたことがあります。
ほんとうにダメなままではうまくいかないのか。
そうではないんじゃないか？

人に頼んでやってもらうわけにもいきませんから、自分で実験したのですね。
そのことは、１冊目の本（『宇宙の法則を使って「人体実験」に成功しました』）にも書きましたが、わたしの本を初めて読んでくださった方のためにざっと説明しておきます。

⦿ダメな自分をぶつけてみたら……

先にふれたように、13歳のときに父を亡くしたわたしは、それまでの自分を「ダメ」と認定し、勉強をがんばりはじめます。

母親を楽にしてあげたい、期待に応えたいと思ったからです。

それなりに名のある大学を出たわたしが就職したのは、某大手製薬メーカー。

そこで、MR（medical representative　医薬情報担当者）という、自社の薬を病院に営業する仕事につきます。

朝起きて会社に行き、それからすぐに病院まわり。

分単位で患者を診ている多忙な医師、あるいは薬局の人たちの、わずかなスキを狙った営業です。

「今までの薬とどう違うわけ？　時間がないから1分で説明してくれない？」

「もっとわかりやすく説明してよ。あ〜あ、次の患者が待ってるの、君もわかるだろ！」

「全然わからないな。君にあげたこの1分、どうやってもどしてくれるんや。もっと短い時間でわかりやすく説明できるよう勉強しなおしてきてや」

「わけわかんないから、もうこの病院に来るな」


などなど、キビシイ言葉を毎日シャワーのように浴びせられます。


そんなある日、「ゴッドハンド」と呼ばれる名医に、ひどく叱責されたわたし。

「なんだ、君は。よくそんな程度の知識で営業かけるな。こんなこと口にする時間ももったいないよ。もう僕の前に顔見せないで」


ガーーーン。

ショックがかけめぐります。

その先生に見放されたら、ほかの医師にも話しかけるのは難しくなる。

病院の出入りさえおぼつかなくなる。

会社でボロクソ言われるのも目に見えています。

あせったわたしは、徹夜で勉強して、次の朝一番、廊下で待ち伏せ。

こんなことをしたのは初めてでした。

それまでのわたしなら先生のひどい言葉に反発したり、落ち込んだり。

「あ～あ、なぜここまで言われなきゃいけないの。あの説明でわからないなんて、あいつバカじゃないの」

「イジメとしか思えない。ああ、会社に行きたくない。営業したくない」

と言い訳のオンパレードで、自分を必死に守っていたことでしょう。

でも、そのときはちがいました。

「ダメな自分」を守らない、隠さない。

むしろ表に出してみようと思ったのです。

もうそうするしかないほど追い詰められていたのです。

ほんとうにダメなままではうまくいかないのか。

これをためす実験だと思えばできるかも。

こうしてわたしはプライドを捨て、堅いガードで覆い隠していた「ダメな自分」に登場してもらい、本音をぶつけることにしたのです。

「先生、きのうは中し訳ありませんでした。先生のおっしゃる通り勉強不足だと思い、徹夜で勉強し直してきました。1分でいいので聞いてください。先生に見放されたら、わたしの居場所はなくなりますから」

すると、先生は苦笑いを浮かべてこう言いました。

「なんや、オーバーやなあ。オレをあんだけ怒らせて、また顔を出す度胸のあるヤツは男でもなかなかおらんで」

わたしは本音をつづけます。

「はい、わたしもこのままいなくなろうかと思いました」

「ハハハ、正直なヤツや。せっかくだから聞いてやろうか」

そして、病室に行くまでのわずかな時間に、薬の効能を説明すると、

「おお、よう勉強してきたな、昨日とは別人や（笑）。じゃあ、その薬もらうわ。薬剤部に行って手続きして」

と言ってくれたのです。

◉ダメは意外にダメじゃない

人から見ればたいしたことではないかもしれません。

でも、わたしにとっては大きな出来事でした。

いわば、本音の勝利、ダメの勝利。

実験成功です。

ダメは意外にダメじゃない。

←本音で生きるほうがうまくいくかも。

これは大きな発見でした。

それまでのわたしは、

「こんなこと聞いたらバカだと思われるんじゃないか」

「これを言ったら、空気の読めないヤツだなと思われるかも」

いつもこんなことを考えて過ごしていました。


こういうふうに考える人は、男性に多いように思います。

プライドが邪魔してなかなか人に助けを求めたり、聞いたりできない。

外見こそ女性でしたが、当時のわたしはこういう男性原理で動いていました。

服装も白シャツに黒いスーツ。ヘアはひっつめにしてまとめる。

とにかく無難に。

就活ならともかく、就職してからもこれじゃあ、ココロ躍りませんよね。
そこへもってきてピリピリと神経を使う仕事の毎日。
ココロが安らぐ暇がなく、仕事もうまくいかない。
それがこの実験をきっかけに、変わっていったのです。

◉「本音をだす」と「ダメな自分をだす」は同じこと

本音をだすようにしてみると気づいたことがあります。
気持ちがいいということです。

なぜ「本音」は気持ちいいのか、ということです。
お行儀のいいタテマエの言葉は、だれが言っても同じような言葉です。
ところが、本音はちがう。
その人でなければでてこない言葉なのです。

本音はその人だけのもので、ほかの人との違いをくっきりと明確にします。
ほかの人との違いが、その人らしさ、ほんとうの自分なんですね。
ウソのないほんとうの自分をそのままだす。
だから気持ちいいのです。

ほんとうは、みんな本音で生きられたら気持ちいいということはわかっていると思います。

「あの人は本音を言う人だから、気持ちがいいね」
よくそう言うではないですか。

でも、本音と「ダメな自分」って同じなの？
こんな疑問が出てきますよね。
本音は、ウソのない率直な気持ち。
一方の「ダメな自分」は、こうです。

「ほかの人が当たり前にやっていることを自分はできない」

「こんどこそと目標を立てても、すぐに挫折してしまう」

「あ～あ、また余計なこと言って彼を怒らせちゃった」

「ダイエットに取り組むけど、何度も失敗してしまう」

「だれかのひとことをすごく気にして落ち込んでしまう」

「頭ではこうすればいいとわかっているのに、実行できず、そのたびにダメだ～と自己嫌悪に陥ってしまう」


まだまだいっぱいありますが、わたしもこういうことが全部当てはまるようなダメ人間でした。

仕事も恋愛もうまくいかず、クヨクヨと思いわずらいながら、それでも自分にムチ打ってがんばった。

そのせいで体をこわしたりもしてしまったのです。

それはさておき、こうやって「ダメな自分」を書き出していくと……。

そう、これがウソのない率直な自分の気持ちなのですよ。
じつは、「本音」と「ダメな自分」は、ココロのなかの同じ場所にいる。
とても近い場所に住んでいるのです。

本音を言う＝ウソをつかない。
ということは、**隠さない**ということ。

ですから、ほんとうは隠したい「ダメな自分」も隠さない。
さらけ出さなければいけません。
本音をだそうとすると、自分のダメな部分にふれざるを得ないのですね。

もちろん「ダメな自分」はデリケートです。
傷つきたくないから、いつも息をひそめています。
ココロの奥、ココロの隅っこで体を震わせているのです。

つまり本音をだすとは、「ダメな自分」をだすこと。
だから、ここに葛藤が生まれるわけです。

◉人間も地球も目に見えないものから出来ている

もっと素のダメな部分をだして、本音で生きたらうまくいくかもしれない。

こう思って実験したのには、もちろん理由があります。
それは、わたしがスピリチュアルの本を読むのが大好きだったからです。

スピリチュアル、つまりは精神とか魂とか神とか、そういう目に見えない世界。
ココロの世界と言ってもいいと思います。

なぜそういうものに惹かれたのかは、とても単純。

わたしたちの存在は、決して目に見えるものから出来ているのではない。

むしろ、目に見えないものから出来ているということを知ったからなんですね。


ココロって、不思議だと思いませんか？

脳のことを研究している先生たちは、ココロを生み出しているのは脳で、ココロとはつまりは脳のことだなんて、言いますよね。

でも、脳のどこにココロがあるのかなんて、いまだによくわからない。

ココロが痛むとか、ココロが震えるとか言いますが、そのとき、アタマを指す人はいません。


指すとしたら、胸、心臓のあたりでしょう。

心臓はドキドキしたり、キュンとしたり、ココロの反応があらわれるからです。

だから、胸のあたりにココロは存在するような気がする。

でも、それだって、血流が一気に多くなるといった反応があるというだけで、ココロが見えるわけではありませんよね。

人間を離れて、宇宙や地球といった存在を考えても、目に見えるものはその姿かたちだけ。

そのオオモトに存在すると言われている粒子のようなものは目には見えません。

結局、宇宙も地球も、そこに生きているわたしたち自身も、目に見えないものから出来ている。

いつか見えると思っている人たちがいるのかもしれませんが、空気だって見えないのですから、見えないものがいっぱいあるのが、わたしたちの生きている世界なんです。


なのに、目に見えるものしか信じないように、信じないようにする方向に世の中は流れてきた。

まるで、「目に見えないものは存在しない」と主張するかのようにです。

そうじゃなくて、もっと目に見えないものを信じよう。

だってそれは見えないだけで、存在するのだから。

これがスピリチュアルの世界。
だから、わたしは惹かれていったのです。

目に見えないものを信じる考え方で、宇宙とか地球とか自分とかを考えてみると、どうなるか。

神さまのエネルギーがどんどん拡散してできていったのが宇宙。
だから宇宙をつくっている粒の一つひとつには、神さまのエネルギーが入っている。
地球も宇宙の粒からできている。
わたしたち一人ひとりも、やはり宇宙の粒からできている。
だから、わたしたちの一人ひとりには、神さまのエネルギーが入っている。

もちろん、わたしたちのなかにある粒のようなもの、つまりは神さまのエネルギーは目に見えるものではありません。
わたしたちの肉体は目に見えますが、肉体という器に入っているエネルギーは目に見えないもの。
スピリチュアルの世界では、このエネルギーのことを「魂」と呼ぶのです。

◉実験前に描いた仮説

簡単に言えばこういうことです。

わたしたちは神さまのエネルギーの粒からできている。
だから、神さまはわたしたちの外側の遠いところにいる存在ではない。
それどころか、とんでもないことに気づかされます。

そう、わたしたちは、神さまのエネルギーを注入された大きな神さまからの分身。
ということは……、

わたしたち一人ひとりがミニ神さまなんだ！

ということになってしまうのです。

あれっ、だったら……、
わたしたちって、ダメじゃないのかもしれない……。
じゃあもしかして、そもそもの起点がまちがってたってこと？
そんなふうに思えたのです。

わたしたちに分け与えられた神さまのエネルギー。
スピリチュアルの世界では、これを「分け御霊《みたま》」と言います。
もともとわたしたちは、神さまのエネルギーを授かって生まれてきたのです。

ということは、この世に生まれ出てきた素の状態のときから、わたしたちには神さまのエネルギーが充満しているということ。
幼いころは、それを放出するのにためらいがありません。

だから、神さまエネルギーの放出は、幼いころが最大。

神さまＭＡＸの状態なのです。


頭のいい子を指して「神童」なんていう言葉がありますが、みんな神の子なのですから、みんな神童なのです。

それが大きくなるにしたがって、だんだんふつうの「人間」になっていってしまう。

それはなぜなのでしょうか。


「赤ちゃんのころはサル同然だったのが、だんだん人間らしく成長して一人前の大人になるんじゃないですか？」

そうですよね。そういうふうに見えますが、それは姿かたちの話です。


分け御霊、すなわち魂のレベルで考えれば、生まれたときがもっとも神に近い。

つまり、魂全開で生きているのですね。

それが、だんだん人間の姿かたちになるにしたがって、魂は奥へ奥へと引っ込んでしまう。

外面的な成長と内面的な魂の成長は逆の向き、逆のベクトルになってしまうのです。

成長するにしたがって、先ほどから述べているように、周囲の人たちからのダメだしがきます。

しっかりしなくちゃ。がんばらなくちゃ。

その過程で身につけていく社会常識。

そうやって大人になっていくのですが、大人になるにつれ、生まれたときからもっている神さまエネルギーはどんどん封印され、閉じ込められていく。

だったら、本来もっているのに封印しているエネルギーを、素の自分に戻って出してみたら、どうなるんだろう？

簡単に言えば、ココロがほんとうに欲していること、魂が感じていることをためらうことなく出してみたらどうなるか？

ココロがときめく方向を選んで生きていったら、どうなるのか。

実験でためしてみたかったのはこういうことです。

本音で生きるとどうなるか？

わかりやすくいえば、これが実験のテーマです。

そして、

本音で生きれば、うまくいく。

実験の仮説を言葉にすれば、きわめて単純です。

では、その根拠は……。

魂から湧きあがってくる本音のエネルギーは、神さまからもらった分け御霊のエネルギー。

そのエネルギーは宇宙そのものであり、豊かさのカタマリ。

無限の豊かさそのものです。

ココロのときめきに従うということは、

「こっちのほうがあなたらしく豊かになれるよ」

という無限の宇宙からわたしたちへのメッセージなんじゃないか。


神さまは、わたしたちを不幸にしようとして分け与えたわけはない。

そのエネルギーは、シアワセになるために授かったものである。

だから、豊かさそのものである魂の声、本音にしたがって生きればうまくいくはずだ。


仮説の根拠はこういうことでした。

◎もうガマンの時代は終わったのです

今、ガマンやタテマエの時代は終わりを告げています。

なぜかという話をこれからしますが、こういう話をすると、「やっぱりそうでしたか」と言ってくれる人もいます。

このところ、なにかが変わってきている。

世の中の大きな変化を感じている人も出てきているのです。


変化は日本にかぎったことではありません。

世界規模、地球規模で確実に変わってきています。

前に出した本でも書きましたが、読まれていない方のためにちょっとだけ説明しておきます。


スピリチュアルの世界ではもはや定説ですが、これまで長く続いてきた「男性性優位」の時代が大転換して、「女性性優位」の時代に入ります。

自然界に季節の移り変わりがあるように、宇宙や地球にもサイクルがある。その大きなサイクルの転換期を迎えているのです。

男性性とは、「競争」「論理」「我慢」「物質主義（物へのこだわり）」といったこと。女性性とは、「平和」「共存」「感覚」「愛」「非物質主義（ココロや気持ちへのこだわり）」といったことです。

先ほどふれた「アタマ（脳）とココロ」の関係で言えば、アタマ（思考・論理）が男性性で、ココロ（感覚・感情）が女性性。「本音と建前」で言えば、本音が女性性で、建前が男性性です。

こういうちがいがありますから、男性性優位の社会と女性性優位の社会では、いろんなことの意味がちがってきます。

たとえば、「成功」という言葉の意味もちがってきます。

●男性性社会の「成功」

お金持ちになった
社長になった
ハワイに別荘を買った

●女性性社会の「成功」

ココロが満たされた
好きなことで収入が得られるようになった
信頼できるパートナーに出会った

こういうちがいがあるのです。

男性性優位の社会から女性性優位の社会への大転換。

つまり、物質的なものに豊かさを感じる時代から、心の豊かさ、やりがい、人とのつながりがシアワセをもたらす時代になっていくということです。

「そうか、それならオレたち男はお払い箱ってことか」

そう考える人がいるかもしれませんが、早合点しないでくださいね。

男性性、女性性という言い方がいけないのかもしれません。

一般的に男と女では生まれもった性差はもちろんあります。

しかし、男性のなかには男性性しか存在しない、女性のなかには女性性しか存在しないというわけではありません。

たしかに女性性エネルギーは女性の中により多く備わっているのですが、男性の中にも女性性は存在します。

言いかえれば男性性は思考、タテマエであり、女性性はココロ、魂、感情です。

女性性の割合の多い男性もたくさんいますし、女性であっても少ない人もいますから、個人差も大きいと思います。

だから、女性性優位になったからといって、男性の活躍の場がなくなるわけではもちろんないのです。

最近の若い男性の方たちを見てください。

変わってきていると思いませんか？

「最近の若いヤツらときたら、嫌なこと、苦しいことをガマンして成長しようとせずに、好きなこと、気持ちのいいことばかりに走ろうとするからな」

年配の男性たちは言いますが、これこそ時代が変わったという証拠です。

彼らは無意識に女性性優位の時代を感じ取っています。

これまで良しとされていた「ガマン」の常識から逃れ、新しい時代に順応しようと生きています。

自分の中の女性性、つまり「感覚や本音優先の生き方」を探ろう、表現しようとしているのです。

ガマンの時代を生きてきた人たちは眉をひそめますが、彼らは今これからの「ガマンが終わった」時代を生きようとしているだけ。

わたしはそう思っています。

⦿ダメはダメじゃなくなる

自分さえガマンすれば……。

本当の自分は隠しておこう……。

こういう時代は終わりつつあります。

先ほどの話など知らなくても、この時代の転換、大きな流れの変化を感覚的につかんでいる人たちはたくさんいると思います。

そういう人たちは、自分のなかにもある女性性、つまりココロのときめきを表に出していくことを選ぶようになってきているはずです。

それがシアワセへの道ではないか、と思えてくるからです。

「ガマン」がなくなった時代は、「本音の時代」です。

これまでアタマによって抑圧され、封印されてきた自分の魂、ココロの底の部分。

その封印を解けば出てくるのは、生まれたときからもっていた神さまのエネルギーです。

時代の転換期は、これまで良しとされてきたものを捨て、180度真逆のものが新たな常識になっていきます。

そんなものをだしちゃダメ。

絶対ダメだから。
と言われていたもの。
それが魂から湧き出てくる本音です。

そして、自分のダメなものを出してみたら、あら不思議。
こんなに楽しく生きられるのかと、きっと思えてくるはずです。

ダメはダメじゃない時代が始まったのです。
だったら、ダメなまま生きればうまくいくはずではないですか?

わたしたちは、生まれたときから神さまのエネルギーを与えられた存在だと言いました。
それでも、幼いころは社会常識もなにもわからず、欠点だらけのダメな存在だと思わされてきました。

でも、そうじゃなかったのです。
わたしたちは生まれたときから、カンペキな存在なんです。
不完全だけど、それは社会常識から見ての話。

不完全でもカンペキなんです。
ちいちゃな神さまなんです。
だから、ダメなままでも生きられる。
いや、むしろ、凸凹のままのほうがうまくいく。

それでは、ダメなままでも豊かに生きていきたいあなたに、今までの世界から抜け出し、ダメな自分のままで生きていく方法をお伝えしましょう。

2章のまとめ

- 本音をだすことは「ダメな自分」をだすのと同じこと。
- わたしたちは目に見えない宇宙の粒からできているのに、目に見えないものを信じない人が多い。
- わたしたちのなかにある目に見えないエネルギー。それを「魂」と呼ぶ。
- わたしたちはみんな、神さまの分け御霊として生まれてきた。
- だから、一人ひとりが生まれたときから、そもそも神さまである。
- じつは、わたしたちは不完全でもカンペキな存在だった。
- ガマンの時代は終わった。
- それは、これまでダメだと言われていたものが、ダメじゃなくなる時代である。

3章

「ダメなまま」で生きればうまくいく

⦿わたしたちは、なんのために生まれてきた？

いきなり、哲学の問いみたいですね（笑）。

でも、ダメなまま生きるためには、これが大切なんです。


言い方を変えてみます。

前章で、わたしたちは神さまの分け御霊で、わたしたち自身がちいちゃな神さまだと言いました。

だとしたら、わたしたちに限りある生を授けてくれたのはなぜでしょうか。


それは、わたしたちに楽しんでもらうため。

ココロの底からあふれでてくる楽しい、うれしいという感情をゆっくり味わってもらうため。

わたしはそう思っています。

地球は神さまがつくった遊園地のようなところです。

だから、苦しむのではなく、楽しまなくてはいけない。

だって、神さまってじつは、わたしたちがずっと進化した存在、つまり大いなる自分です。

それが今の自分を苦しめたりはしないでしょう?


肉体を与えられたわたしたち一人ひとりには、もって生まれてきた使命があり、生きる目的があります。

と言っても、苦しい修行にひたすら耐えたり、だれかのために自分を捨てることではありません。

ひとことで言えば、それはシアワセになること。
だれかといっしょにシアワセになること。
もっと大きな使命なら、
多くの人とシアワセをわかちあうこと。

そのためになにをするのか、どう生きればいいのか、ということです。
まず聴くべきは自分のほんとうの声、魂の声なのです。

こんな話があります。
わたしたちはこまかく分解していくと、
粒子、つまりつぶつぶで構成されています。

その粒ですが、親兄弟や家族、近しい関係の人たちは、
魂グループというものがあって、
同じ種類の粒を共有して生まれてくるそうです。

そして、**自分がシアワセに生きていると、**
同じ粒をもったほかの仲間までも、
その粒が振動してよろこびあうというのです。

こう聞くと、自分のシアワセがまわりのシアワセにつながるということが、わかりますよね。

◉他人と自分、どっちの基準で生きてきたかをチェック

では、あなたのほんとうの声を聴くために、簡単なチェックをしてみましょう。

次の表を見てください。

各項目について、それを選ぶとき、あなたは他人と自分のどちらの目線、どちらの基準で選んできたでしょうか。

ちなみに他人とは、親、教師、友人、世間の人など自分以外のだれかという意味です。

当てはまるほうに○をつけてください（思いついた項目を加えてもらってもけっこうです）。

どうでしたでしょうか？

	他人	自分
高　校	○	○
大　学	○	○
就　職	○	○
いつも着る服	○	○
よく行く飲食店	○	○
映画や本	○	○
恋　人	○	○
結婚相手（パートナー）	○	○
	○	○
	○	○
	○	○

たぶん多くの人は、「他人」のほうに○が多くついたと思います。

「ほら、あなたは自分でなにも選んでこなかったのでしょう」

などと、えらそうなことを言うつもりはありません。

ふつうはそうだと思います。

わたし自身もそうでしたから。

10代のころから自分の気持ちに正直に、なにもかも自分で選んできたなんていう人はめったにいませんよね。

こうやってチェックしてみると、どれだけ自分の声を聴かずに生きてきたかがわかる。

それがわかるだけでまずはいいのです。

それだけほんとうの自分を封印してきたことのあかしです。

ほんとうの自分の声を聴こうとしなかったのは、自分に自信がなく、自分はダメだとどこかで思っていたからだと思います。

それよりは他人の声にしたがったほうがうまくいく、と思っていたのだと思います。

だって、それが正しいと教えられてきましたから。

それだけ、子どものころからダメだしをされてきたのでしょうか。

だれかからのダメだしをまじめに受け止め、自分で自分にダメだしもたくさんしてしまったことでしょう。

わかります。

わたし自身も長い間、そうやって生きてきましたから。

◉ガマン＋クロウ＝シアワセ？

でも、考えてみてください。

ガマン＋クロウ＝シアワセ（我慢し、苦労しなければシアワセになれない）の方程式は正しいのでしょうか。

「ガマンしたから、クロウしたからシアワセになることができた」というときの「シアワセ」は、ほんとうのシアワセなのか、という疑問が湧いてくるのです。

そういう話をする人たちが、ウソをついていると言いたいのではありません。
その人たちはもちろん、シアワセを感じたからシアワセだと言っている。
そのことにウソはないと思いますし、そういう人たちの話にわたしも感動をおぼえることがあるくらいです。

やりたいことをやったり好きなことをやるときに、苦手なことや嫌なことが出てくるかもしれません。

けれどもそれは、ガマンやクロウというよりは、楽しみの過程のひとつです。

そうではない、ただ自分を抑えたり、自分がすごくなるためにするようなガマンやクロウは、もう必要ないのではないか、ということです。

この場合、大前提として、
「わたしは欠けている不完全な存在である。

だから成長して全うにならなければいけない」
という考え方があります。

もちろんその人たちのガマンとクロウの経験は尊いことです。
それによって、シアワセを感じ、日本の豊かさが支えられてきたのですから、そういう人たちはなにも悪くありません。

でも、そうではなくて、
「わたしたちは欠けている状態でカンペキである。
だから全うになるために成長するのではなく、
喜びを生きて人生を楽しむために生まれてきた」
が大前提だったら、どうでしょうか。

◉根深いガマン信仰

ガマンの時代は長くつづいてきました。
だから、ガマンしないでシアワセになれると言ってもなかなか信じてはもらえません。
日本が貧しかったころの経験がない人にも、ガマン信仰はかなり浸透しています。

ワガママを言わない
好きなことばかりに熱中しない
思ったことをペラペラしゃべらない
人よりも目立たない
和を乱さない
イヤなことも進んでやる
場の空気を読んで行動する
遅刻をしない（約束の時間を守る）
人に譲る
上司や先輩を立てる

こういうことを「社会人らしい振る舞い」とか「大人の振る舞い」と言ったりしますよね。

こういうきちんとした人にならなければ、シアワセも成功もやってこないというのが、長くつづいてきた常識です。


ラクしてシアワセになっていいんだよ。


こんなことを言っているわたしは、そういう人たちから見れば、能天気なおバカさんにしか見えないと思います。

「なにを言っているの、あなたは。なにもガマンしないでシアワセになろうなんて、ふざけたことを言わないで」

実際、こんなことを言われることもありますが、

「ああ、この人もガマンしてきたんだな」

と、わたしは思います。

◉「子どものころがいちばんシアワセ」じゃなかったですか？

だって、わたしから見れば、まったく逆なんですから。

ガマンした先にしかほんとうのシアワセがないとしたら、幼いころのわたしたちはちっともシアワセじゃないということになってしまう。

考えてみてください。

そんなことはないはずです。


山に虫取りにいくのに、しんどい山道をのぼります。

でもそれはガマンやクロウではなく、楽しさとワクワクの一部だったはずです。

自分のココロに素直にしたがい、好きなことをしていた幼いころは楽しくはなかったですか？

シアワセではなかったですか？

「小さなころから楽しいことなんて、あまりなかったです」

そういう方もいますが、特殊なケースだと思います。

好きなことをして過ごすことを、周囲が許してくれなかった。

いつもイジメられていた。

両親がいつもケンカしていた。

そういうケースだと思います。

小さなころから、「わたしがしっかりしないと。がんばらないと」と思わされてきたのですね。


でも、多くの人は、少なくとも幼いころは、好きなことに没頭したり、友だちと遊んだり、楽しいことがたくさんあったと思います。

わたしたちは八百万の神さまのエネルギーを与えられ、シアワセになるために生まれてきたのですから、それは当然のこと。

生まれたときから不幸なんていう人はいないはずなのです。

◉ガマンしてもシアワセになれなかったわたし

それがシアワセでなくなってくるのは、今まで書いてきたような理由です。

きちんとした大人、社会人になれないとシアワセになれない。
そのためにはもっとがんばらないと。
ダメな自分を変えていかないといけない。

そう信じてきたからなのです。
でも、その結果、シアワセになったという人はどれくらいいるでしょうか。
少なくとも、わたしはなれなかった。
おそらくは、この本を読んでいるあなたもそうですよね。

だったら、この理論は正しくないということです。

それでは、まったく逆を考えてみましょう。

正しい社会人になるためにがんばらない。
ダメな自分を変えるためにがんばらない。

だってもともと豊かさもシアワセも備わって生まれてきたんです。
だから、そのまんまでシアワセになれるとしたら……、

ダメなままでシアワセになれる。

そういうことになるのです。

◉逆算をやめれば、ダメなままでうまくいく

では、核心に入りましょう。

なぜ、ダメな自分に戻ればうまくいくのか、です。


子どものころ、ダメな自分を自覚するのは、このままの自分ではきちんとした大人、社会人になれないと思うからでした。

一人前の大人とか、立派な社会人とか、そこから逆算して思うのです。

「今のままではダメだ」と。


でも、そもそもこの逆算の考え方がまちがっていたとしたら……。


さあ、前章のおさらいです。

わたしたちは神さまのエネルギーをもって生まれてきました。

わたしたちは神さまの分け御霊。

わたしたち自身が、ミニ神さまなのです。

ガタガタで、凸凹なわたしたち。

でも、それは不完全に見えて、実はカンペキな存在だったのです。

それを「ダメな存在」だと思ってしまうのが、そもそものまちがい。

そもそものボタンのかけちがいなのです。


生まれたとき、幼いときのピュアな自分でもカンペキな存在だった。

それが、大人になるにしたがって、わたしたちの魂はむしろダメになっていく。

ダメだしをたくさんもらって。

常識をたくさんあびて。


これがほんとうのことなのです。

だとしたら、大人から逆算して、きちんとした大人になるためにがんばるというのは、正しいのでしょうか？

こう考えてみると、逆転がおこります。

ダメだと思っていたものは、ほんとうはダメじゃない。

むしろ、ダメだと思ってしまうから、カンペキだったものがどんどん崩れてダメになっていくのではないか。


だとしたら……。

ダメなままの自分に戻ったほうがうまくいくのかもしれない。

ダメなままでもシアワセになれるかもしれない。

ダメなままでも成功できるかもしれない。


そう考えてみてほしいのです。

実際、そうであることはわたしが身をもって実験・実証済みですから、自信をもって言えるのです。

◉アタマとココロは逆の動きをする

これをアタマとココロの関係で考えてみましょう。
アタマというのは、思考です。論理です。
こうしたらこうなる。
こうなったらこうなる。
これができないのは、あれが足りないから。

アタマは、こうした思考を積み上げて結論を導きます。
そう、アタマは、不足しているものを見つけるのが大の得意なのです。

きちんとした大人にならないとシアワセになれない。
きちんとした社会人にならないとお金に不自由する。
だから……、
生きていくためには、好きなこともガマンしなければいけない。

好きなことをやってお金が入ってくるなんて、甘いことを考えてはいけない。
これがアタマが考える常識というものです。
でも、ココロ、魂は逆です。

これができたら楽しいのに。
こう生きられたらシアワセなのに。

いつも、こんなことを考えています。
そして、訴えかけます。

なぜ、楽しもうとしないの？
なぜ、ガマンしているの？

アタマが考えた常識をことごとく否定していく。

これがアタマとココロの逆の動き。
だから、そこに苦しさが生まれるのです。

そうなると、ときに魂は、肉体に訴えかけます。
アタマとココロの葛藤をつづけていると、病気になってしまうことがあるのです。

◉アタマとココロの綱引き

わたしの場合もそうでした。
製薬会社に入ってから1年後のことでした。
わたしは「潰瘍性大腸炎」という病気にかかってしまいます。
下痢、下血が続き、体力は落ちる、気力はなくなる。
食事や洗濯、掃除といった日常のことまでできなくなりました。

すると、気持ちもどんどん落ち込んでいきます。

「こんなわたしは生きている資格がない。なんのために生きているのかわからない」

もう、完全なうつ状態です。

朝起きるのもつらかった。

それでも、生きていくためにはとにかく起きて、家を出て車に乗って営業先の病院に行く。

営業先にたどりついたときには、もうボロボロ。

からだじゅうのエネルギーすべてを使い果たしているような状態でした。


あとで考えると、それが魂からのメッセージだったのです。

アタマとココロ（魂）は逆の動きをすると言いました。

まさにこのときがそうです。


魂は「ガマンするのをやめなさい」とメッセージをだしている。

でも、肉体（アタマ）は、「もっとがんばらなくちゃ」と、したがおうとしない。

言ってみれば、アタマとココロの綱引き状態です。

この綱引き、最終的に勝つのはエネルギーの強いほうです。

わたしの場合は、ココロが勝った。

「自分をダマして生きるのはいい加減にしなさい。もう休みたいから、病気になりたいよ〜」

という魂のエネルギーがまさったから、病気になったのです。

◉アタマはココロよりえらくない

だれだって、自分に正直に生きたいですよね。

自分にウソなんかつきたくはない。

でも、それでは生きられない、うまくいかないとどこかで思い、考えを変えてしまうのです。

その考えというのは、アタマが考えたこと。

そして、ココロよりアタマが勝ってしまう。

なぜなんでしょうか。


アタマのほうがココロより上。

そういう認識があるからではないかと思います。


アタマは思考、ココロは魂と、わかりやすく考えてみましょう。

なんとなく思考のほうがエライ気がしますよね？

トキメキに走るココロを、冷静にコントロールするのがアタマ、と。

そう考えると、知性的なアタマのほうが上のような気がしてしまうのです。


でも、これがまちがいのもとなのです。

その証拠に、

「しょせんアタマで考えたことでしょ？」

なんて言いますよね。

「机上の空論」なんていう言葉もあります。

アタマで考えてやってみると、とんでもないカン違いだったなんていうこともあります。

つまり、アタマがそんなにエライわけではない。

では、ココロのほうはどうなのか。


あれが好き。これは嫌い。

あれがほしい。これはいらない。

あれは楽しい。これはつまらない。


こういうものがココロ、魂です。


「好き嫌いを言うんじゃないの！」

「好きなことにはすぐに飛びつくんだから！」

「楽しいことばかりに気をとられて！」

周りの人から、こんなことを言われたことがありますか？

そうなんです。

ココロのトキメキに従って生きるのは子供じみたことで、きちんと計画して生きるのが良いこと。

わたしたちは知らず知らずのうちにそういうものだと思わされています。

トキメキに従って生きる人↓子どもじみている
それを抑えられる人↓大人だねぇ

世間の常識はこうなっています。

そして、子どもより大人のほうが上だというのも常識なのです。


でも、そもそもなぜ感情的になるのでしょうか。

それは、魂の声、すなわち本音にしたがって生きていないために、ココロが不安定になってしまうからです。
不安なできごとがあるから感情が揺れるのではなかったのです。

そして、ほんとうの大人とは、
本音を伝えられる人。
すなわち、
寂しいとか、助けてといった、
弱い部分もきちんと言葉にして伝えられる人だと、わたしは考えています。

◉アタマとココロの上下関係が変わった

前章で男性性と女性性という話をしました。
これをアタマとココロで言えば、男性性がアタマ、女性性がココロ。
ですから、男性性が多い人はアタマ優先、女性性が多い人はココロ優先になるのです。

世の中は男性性優位の時代が長くつづいてきました。

だから、ずっとアタマ優先社会だったのです。

それが大転換して、女性性優位の社会に変わろうとしている。

ということは、ココロ優先の時代、目に見えないものを大切にする時代に入ったということなのです。


そうなると、これまでの常識も変わってくる。

アタマとココロの上下関係が逆転して、ココロのほうが上になる。

アタマよりココロで生きるほうがうまく生きられる時代になる。

いいえ、もうなっているのです。


「アタマで考えたってダメ。ココロのままに生きましょう」

こんなフレーズがしっくりくる時代がすでに始まっている。

これ、べつにわたしだけが気づいていることではないですよね。

みんな、それを肌で感じているはずです。


アタマ優位の時代は「こうすればこうなる」の思考の時代です。


いい会社に入って、いいお給料をもらって、いい人と出会うのがシアワセへの道。

それにはいい大学をでなくちゃ。

それにはもっと勉強しなきゃ。


これで世の中がまわっていたのが、少し前までの時代です。

では、これからのココロ優先の時代はどうなるでしょうか。

わたしは「こうすればこうなる」から「こうしたいからこうする」の時代に変わっていくと思います。


他人がすすめてくれた道を歩かない。

好きなことを、結果を考えずにとにかくやってみる。

それがいちばんしたいことなら、迷わずそれを選ぶ。


そういう時代です。

アタマの時代は、そもそもの前提が「わたしたちは不完全だ」で成り立っていました。

ですから、とにかくがんばってあの場所にたどり着くとか、もっとスゴイ人にならなければいけないと、多くの人が考えてきました。


でも、「あの場所」とか「スゴイ人」とかの判断基準は、だれかの目線なのです。

あそこに行けば、みんなが「よかったね」とか「うらやましい」と言ってくれる。

ああいう人になれば「スゴイね!」がもらえる。

そういう他人目線なのです。


ココロ優位の時代は、それが自分目線に変わるということです。

自分のココロがほんとうに「行きたい場所」に行く。
人がうらやむようなスゴイ人になるのではなく、やりたいことをやって、ココロが満たされる自分になる。

だってすでにスゴイし、
すでにカンペキだからです。

苦労して、スゴイ自分になる必要もないので、
喜びを目指して楽しんで生きていく。
そうすると、もともと豊かだった自分の存在を証明することになる。
結果、つじつまが合い、とんでもない豊かさにたどり着く。
こういうことです。

◉本音の時代はすでに始まっている

時代もココロ優位のほうにどんどん変化しています。

たとえば、スターと呼ばれる人たちの質。

むかしと変わってきていると思いませんか？


かつてのスターは、まさにスター（星）。

遠い夜空に輝く星で、人々はそれを見上げては、

「わぁースゴイな」

と、あこがれを抱いたものでした。


それが、最近は、かつてのスターのイメージの人は少なくなりましたよね。

ＡＫＢ48にしても、ももクロにしても、見上げるような存在ではなく、もっと身近な感じがします。

美人女優やイケメン俳優といった人たちは今でもいますが、遠い世界にいるような人は少ない。

みんなバラエティ番組で本音たっぷりのぶっちゃけトークをする。

人によっては芸人顔負けのネタを披露したりするのも、ふつうにありますよね。

ＡＫＢ48でセンターをはっていた指原莉乃さんやテレビで見ない日はないマツコ・デラックスさん。

今の時代の大スターと言ってもいいような気もしますが、スターという呼び方がどこか似合わない。

本音とかぶっちゃけとか、そういうものはスターとは相いれない。

わたしたちはどこかでそう思っているからだと思います。

ココロ優位の時代とは、言いかえれば「本音の時代」です。

アタマ＝建前
ココロ＝本音

アタマとココロの関係がこうなっているからです。

本音、つまりは、ほんとうの気持ち。

魂から湧きあがるウソのない気持ち、感情。

「社会常識にしたがうのではなく、自分の本音で生きていいんだよ」

多くの人たちから好感をもって見られ、時代をリードするような人たちが、その生きざまでこう言っている。

というより、みんながそういうものを求めているから、そういう人たちが人気を得て、時代をリードしていくということ。

本音で生きることに遠慮はいらない。

それを多くの人が求めているのだから。

そういう時代がすでに始まっているのです。

◉ダメだったころの自分に戻る

常識を身につけ、正しい社会人にならないとシアワセになれない。

わたしもそう思って勉強をがんばりました。
世間でも名の通った大学をでて、名の通った一流の製薬会社に就職しました。
ダメな自分を変えようと努力し、社会人になった一人なのです。

でも、それでシアワセにはなれなかったのです。
むしろ、苦しいことばかりがつづいた。

外資系ならもっと自由に働けるんじゃないかと、転職もしました。
ところがこれが甘かったのですね。
外資系は日本企業以上の不自由さだったのです。
成績だけが人の価値を測るバロメーター。

いわゆる成果主義ですが、これが徹底していました。


おまけに、社内で飛び交う言葉はめちゃハード。

「どうしてこんなことができないんだ！」

「ちゃんと勉強してから発言してくれよな！」

こんなことを言われるのはしょっちゅうです。


社内の人間関係もメチャメチャきつくて、気の休まる暇がありません。

日本企業のときには叱られても慰めてくれる同僚や友だちがいました。

でも、外資系はそれもなし。

職場の人間はみなライバルという感じでした。


もう一つ、仕事上のトークがうまくいきません。

外資系は、ほかの人の言葉をさえぎってでも自分の考えを主張する。

それを良しとするのですね。

わたしは感じたことをなるべく正確に話そうとするほうでした。

だから、スラスラと思ったことを言うことができません。こうなると、

「何が言いたいのかよくわからない」

「もっと簡潔に言ってよ」

と相手を苛立たせていたようです。

会議でもしどろもどろでミスを連発です。

こうなると、営業成績も上がるわけはありませんよね。

お給料はよかったです。

でも、こんなふうですから、ちっともシアワセを感じることはできなかったのです。

こうして、ほとんど崖っぷちの精神状態に追い込まれたわたし。

それで、本音をぶつけ、ダメな自分をさらす実験に踏み切るしかなかったのです。

「もうどうにでもなれ。わたしは会社が望むような人にはなれないんだから」

そんな心境だったのかもしれません。

「これは実験なんだから。失敗したら会社をやめるだけ」

そう思わなければ、できなかったと思います。

プライドを捨てないと、ダメな自分に戻れない

ダメな自分に戻るのは、最初は勇気がいります。

だって、「そんな自分をだしちゃいけない」と、長い間、封印してきたのですから。

サラリーマンならだれでも、仕事で失敗したり、失態をさらすときがあると思います。

「こんなことを聞いたら恥ずかしいな」

「笑われたらイヤだな」

なんて思うこともあるでしょう。


そういうときです、本音を、ダメな自分をだしてしまうチャンスは。

「これがよくわからないのですが、教えていただけませんか」

わからないから教えてほしいという本音をそのままだしてみる。


ちょっと勇気をだせばできるかもしれないと思いませんか？

まずは、こうした小さなトライから始めるといいと思います。


でも、がんばってきた人ほど、これくらいのことでもプライドが傷つくと思います。

恥ずかしさもあると思います。

でも、考え方をちょっと変えてみてください。

「人にこう思われるかも」

と他人目線を気にするから、プライドが傷つくのです。恥ずかしいのです。

だから、この程度の「ダメ」をだすのにも勇気がいるのです。

そういうときはこう思ってください。

自分が思うほど、相手は自分のことを気にしていない。

他人目線とは、あなたが思う他人であって、実際の他人ではありません。
実際の他人は、あなたの想像よりもやさしい。
頼られることをイヤだと感じたりしないものなのです。
だから、大丈夫。
思い切ってダメな自分をそのまま表現してみてください。

「わたし、こんなことも知らないんです。でも、知りたいから教えてください」

こんな素直な気持ちで接すれば、相手にもあなたのココロ、あなたの魂が伝わるものです。
だって、わたしたちはみんな神さまの分け御霊なんですから。

つまり、もともと人の魂はつながっている。

根源的に言えば、他人も自分、自分も他人だっていうことです。

◉ダメなワタシを受け入れる人とは

わたしもいろんな勉強をがんばって大企業に入った人間でしたから、かなりプライドが高い人間でした。

「知らない」とか「できない」とかはNGワード。

無理してでも知ったかぶりをしたり、「できない」なんて死んでもいいたくないというタイプの人間だったのです。


でも、実験だと思ってプライドを捨て、ダメな自分をだしてみると、そんな自分はなんだったのだろうと思うことばかり。

それはそうですよね。

押さえつけ、隠してきたダメな自分、ほんとうの自分を存分にだしていいのですから。

そうなると、もう断然気持ちいいのです。
魂が解放され、神さまエネルギー全開の状態ですからね。

しかも、この状態をつづけると、不思議なことに周囲の態度も変わってきました。
なにか、おもしろいものを見るような視線があつまってくるのです。
ダメなワタシを、みんながおもしろがってくれる。
やさしくもしてくれる。
こういう状態が生まれたのです。

このときわかったのは、ダメなワタシを受け入れてくれる人の傾向です。
それは、ひとことで言えば、「器の大きな人」。
人間の器が大きい人は、ダメな部分も受け入れてくれる。
ダメな人に対しても寛大だし親切。

それはなぜかというと、その本人もダメさを認めているからです。

今は、これまでの常識と逆転した時代。
器の大きさは、自分の弱さも含めて受け入れたものの多さといえます。

プライドを捨ててみると、
どうしてあんなに大事にしていたんだろうと思うくらいスッキリです。
だから、人によく思われたいという気持ちから発生しているニセモノのプライドは
さっさと捨てる。
古い洋服やアクセサリーより先に捨てる。
そのほうがずっと気持ちいいのです。

プライドを捨て、ダメなワタシに戻ったことで、周りの人が変わった。
でも、じつはちがうのかもしれません。
じつは、やさしい人、思いやりのある人たちが周りにたくさんいた。

そのことに、気づきもしなかったわたしがいただけ。
気づかなかったというより、気づきたくなかったのかもしれません。

この経験をしてからのわたしは変わりました。
自分が今感じている素直な気持ちや思いを上司や同僚に話すようになったのです。
そうなると、人間関係も営業成績もどんどん好転していきました。

「わたしが変わった」というのも正確ではないかもしれません。
自分になにかをプラスしたわけではありません。
化学変化をおこさせて別人のように変身したのでもありません。
ほんとうの自分に戻っただけです。

これまでの自分がもっていなかったものを手に入れ、自分を変えなくてはいけないとしたら、これは大変なことです。
でも、そうではない。

よけいなものを脱ぎ捨てたらちゃんと隠れている、素の自分、ダメだと思っていた、ほんとうの自分を見せるだけ。
だから、だれでもできるのです。

ふつうに考えれば、「本音で生きる」と「うまく生きる」「シアワセになる」は相反することのように思えるかもしれません。

本音で生きるとは、ある意味、ワガママに生きること。
そうしたら、人とぶつかる。
人に嫌われる。
こう考えるのが常識だと思います。

でも、これらが両立する時代になったのです。
これからは、ＡＩの時代と言われています。
ＡＩ社会が発達すると、人間がやっていたことがどんどんＡＩにとって代わられる。

多くの人の職が奪われると不安視する声も聞こえてきます。


でも、わたしはそうではないと思うのです。

これまで多くの人がやっていた単純労働を、ＡＩが代わってやってくれるようになれば、好きでもない仕事から解放される人が増える。


一時的には職場を失う人がでるかもしれません。

でも、多くの人が、自分がほんとうにやりたいことを仕事にするチャンスが増える。

こうとらえれば、それはいいことだと思えてくる。

発想を変えれば、これまでなかった新しい仕事だってどんどんでてくるような気もするのです。


ダメな自分に戻って、自分らしく生きられる時代。

好きなことを仕事にできる時代。

そんな時代は、人間にとっていい時代だとわたしは思っています。

そうは言ってもダメな自分に戻るのは不安ですよね。

だって長い間ずっと、見せない、見せないとがんばって隠してきたのですから。

「見せていいいんだよと言ったって、わたしにはムリ」という人もかなりいることでしょう。

そんな方たちのために、次章では、ほんとうの自分、ダメな自分に戻る方法をもう少し語ってみたいと思います。

3章のまとめ

- 自分の人生を自分で選んできた人は少ない。どれだけ他人の基準で選んできたかをチェックすることから始めよう。
- ガマンしたからシアワセになれるわけではない。本音でラクに生きてシアワセになればいい。
- 子どものころはシアワセだった。だったら、子どものころの素の自分に戻ればいい。
- 本音の時代=ダメな自分のまま生きる時代はすでに始まっている。
- アタマ（思考）のほうがココロ（トキメキ、魂）よりも上だという考え方を変えてみる。
- 「ダメな自分」に戻るには、プライドを捨てることが肝心。
- 自分が思うほど、相手は自分のことを気にはしていない。だから、思い切って本音をだしてみて。

4章

ダメな自分に戻るのが不安なあなたへ

◉「ほんとうの自分」ってなに？

「なんだかんだ言っても人は、自分が求める場所、行きたい場所に行くものだ」

こういう人がいます。

たとえ今いる場所がイヤな場所でも、ほんとうは自分が求めて行った場所なのだから、という意味です。

こう言ってうまくいかない自分を慰めたり、励ましたりしている人がいると思います。

これ、半分当たっているような気もします。

でも、おそらく半分以上はまちがいだと思います。

「自分が求める場所」というときの「自分」は、ほんとうの自分なのか。

そう考えてみたほうがいいと思うのです。

前章で、これまであなたが選んできたものは、他人目線なのか自分目線なのかのチェックをしてみようと言いました。

たぶん多くの人は、人生の大事なことを他人目線で選んできたことがわかるはずですとも言いました。


「いやいや、わたしは自分で選んできました」

という人もいるかもしれません。

そういう人も、一度考えてみるといいと思います。

そのときの「自分」とは、ほんとうの自分なのか、と。


ほんとうの自分とは、魂にしたがった自分、本音の自分です。

「自分が選んだ」といっている、その自分はほんとうの自分か？

自分だと思っているものが、じつは他人目線を意識した自分だった。

そういうケースは多いものです。

自分の魂、自分のココロにしたがった自分ではなく、
他人の常識、世間の常識にしたがった自分。

そうであったら、それはほんとうの自分ではありません。

本音で生きるとは、素の自分で生きることです。
そして、ダメな自分のまま生きるということです。
言い方をかえれば、ピュアな自分、純粋な自分のまま生きること。
だから楽しい。
でも、だからむずかしいということもあります。

◉その自分、ほんとうに自分ですか？

自分を縛っていたあらゆるものから解放され、ダメな自分をさらけだす。
それは簡単ではありません。

この自分は、ほんとうに自分なの？

ほんとうの自分、本音の自分をだすことに十分に慣れるまでは、つねにそう思っていないとなかなかむずかしいのです。

「思ったこと、感じたことをありのままに言ってください」

こう言われると、意外にこれがむずかしいと感じることはないでしょうか。

ほんとうに自分がそう思ったのか、そう感じたのか。

この自問をしてみると、そうじゃないかもしれないと感じてしまう。

そういうことが多いと思います。

それほどわたしたちは、自分以外のものに縛られて生きているという証です。

きちんとした社会人でいなければいけない。

人から後ろ指をさされるようなことをしてはいけない。

人によっては、こういう常識にしたがって生きるほうが、ある意味ラクだということともあります。


他人目線にしたがって生きるほうが安心だ。

こういう人が、あらゆるものを脱ぎ捨てて裸の自分に戻る。

それには相当な覚悟が必要です。

今のままのほうがラクだと思っているのなら、無理をする必要はないとも思います。

わたしのように追い詰められても、ダメな自分に戻るにはかなりの勇気は必要でしたから。

◉どうすればダメな自分に戻れる？

いまいる場所がどうしてもイヤだ。

人間関係がうまくいかない。

精神的に追いつめられて病気になりそうだ。

こういう人には、ダメな自分に戻ることをおすすめします。

最初は勇気がいります。
ですから、わたしのように「これは実験だから」と思うのもひとつの手です。
思いつめた気持ちのままでは、うまくいかないこともあります。

どうしたら素の自分に戻れるか。
どうしたらピュアな自分に戻れるか。

それぞれに育った環境もちがえば、いま置かれている環境もちがいます。
あなたにはあなたなりの方法があるはずです。

ひとつだけ言えるのは、こうすればうまくいくとか、アタマで考えないこと。
自分のココロを素直にだすのですから、とことんココロに聞いてみることです。

あなたの魂は、豊かさそのものである宇宙につながっている。

つまり、ココロはあなたがシアワセになる答えを知っているのです。

◉自分を縛っているものの正体を知る

ダメな自分に戻るのが不安だという人は多いでしょう。

だって、ずっと否定してきた存在（魂）ですからね。


「あなたはダメだから、引っ込んでいて」

長い間そう思ってきたものを引っぱりだすのは、とても勇気がいるのです。

まず、自分を縛ってきたもの、押さえつけてきたものの正体を知る。

そのことから始めるのがいいと思います。


わたしの場合、それは明らかに母でした。

先にふれたように、早くに父を亡くし、母子家庭の末っ子として育ったわたし。

母は家計を支えるためにすごくがんばっていました。

でも、わたしはまだ中学生になったばかりですから、母に甘えたかったのですね。

なんとか母を振り向かせたい。

そのためにはテストで高得点を取るとか、スゴイことを起こさないといけない。

そうしないとわたしのほうを振り向いてくれない。

そう思い込んでいたのです。

勉強をがんばって、学年の上位何番に入るとか、いい成績をおさめることに必死でした。

しかし、それは本来の自分の姿ではありません。

かなり無理をしていたのです。

だから、イライラして人に当たり散らしたりしていましたね。

当時からスパイシーなテイストのものが好きなのは、そこらへんから来ていると思います。

イライラして当たり散らしたあとに、ふっと我にかえりますよね。

「なぜ、あんなふうにしてしまうんだろう?」

そう思うのですが、原因がわからない。

それで、そういう自分にまたイライラしてしまう。

完全に悪循環です。

そんな自分が好きになれるわけもありません。


年齢を重ねていくうちに原因がわかってくると、落ち着いて対処できるようになりましたが、原因がわからないのはとにかく不安なのです。

病気でもそうですよね。

原因不明だと不安しかありませんが、原因がわかれば、とりあえず安心する。

それと同じです。


ですから、まずはほんとうの自分を縛ってきたものの正体を知ることです。

母親、父親。

同級生、先輩、教師。
職場の同僚、上司。
元の恋人。いまの恋人。
パートナー。

人それぞれですから、自分の過去を見つめなおしてください。
原因はひとつとはかぎりません。
いくつかの要素がからみあっている場合もありますから、注意してくださいね。

◉正体不明の自縛霊

いったい自分はなににコントロールされ、なににイライラしているのか。
なかには、かつてのわたしのように、それさえわからない人もいると思います。
原因はよくわからないけど、なにをやっても気力がでない。

なにをやったらいいのかさえわからない。

自分の人生なのに、誰かのもののよう……。

こういう人もいます。


わたしはこれを「自縛霊」と言っていますが、この自縛霊に操られると、

「がんばれない自分は、いまのこの人生ではもう浮かび上がれない」

「どうせ負け犬だ」

「なにをやったってうまくいきっこない」

などと思い込み、将来を悲観してウツウツとしてしまうのです。

◉ニセモノの自分との闘い

わたしの場合は、こうでした。

「いい学校に行っていい会社に入るとシアワセになるって本当なのだろうか？」

「そのシアワセの正体ってなんだろう？」

「お金？　プライド？　人との比較で自分が上だから？」

いま思えば、自分のなかでふたつのものが葛藤していたのだと思います。

ニセモノの自分と、ほんとうの自分。

ほんとうの自分から湧き上がってくる疑問。

「そんなくだらないことを考えなくていいのよ」

その都度、ニセモノの自分がほんとうの自分の頭をこづきながら、とにかくがんばってきたのです。

でも、がんばっている自分はほんとうの自分じゃない。

こうすればシアワセになると考えて気ばっているアタマのほうの自分。

ココロの自分、魂の自分は別のところにいて、出番を与えられない。

これではどんなにがんばっても充実感を得られない、シアワセを感じなかったのは当たり前ですよね。

あとで考えれば、イライラするのは自分のキャパシティ以上のものを抱えていたからです。

それは、「できないですよ〜」というココロからの声だったんですね。

キャパシティがものすごく大きければ、ニセモノの自分も飼いならし、そこにほんとうの自分を融合させるなんて、器用なこともできたかもしれません。

でも、器用じゃなくてよかったと思うのです。

器用な人は、ともすると、ニセモノの自分をほんとうの自分だと、自分に納得させてしまうこともできるかもしれません。

自分で自分をうまくダマすわけです。

ひょっとすると一定の人たちは、そうやって生きているのかもしれません。

それでシアワセだと感じているのかもしれません。

⦿いま苦しいのは気づくため

それを、わたしがとやかく言うこともありません。

でも、ほんとうの自分で生きることにはならない気がします。
ダメな自分を解放してあげることもできない。
ほんとうの意味で、ココロが満たされることはむずかしいと思うのです。

なぜなら、今はココロの時代。
物質的な豊かさではなく、生まれてきた意味を思い出し、使命を生きること。
それ以上にシアワセなことはないからです。

だから、いま苦しんでいる人たちは、ダメな自分に戻ってほしい。
魂を解放してあげてほしいのです。

ご紹介したように、わたしには、葛藤しながらもがんばってきた過去がありました。
考えてみれば、それがあったから、ほんとうの自分はこうなんだと気づくことができた。

そんな過去の自分を抱きしめてあげたいような気持ちにもなります。

だから、いま苦しんでいるのは、そこに気づくためだと思ってもらえばいいのです。

まずは、「いまの自分はほんとうの自分かな？」と自分に問うところから。

そこからすべては始まるのです。

◉本音を出したらこうなった！

自ら実験してわかったことは、「本音」は人と人との距離をぐっと近づけるということです。

ただ、そうは言っても、

「どう本音を出したらいいのかわからない」

という人は多いのです。

「本音って、何よ、バカ！　あんたなんか嫌い！　ってこと？」

いえ、それは本音ではなく、ただの悪口（笑）。

なにしろ、長いあいだ閉じ込められていた「ダメな自分」です。

いきなり白日の下に出なさいと言っても、なかなかでてくれません。

まぶしさに目がくらんでしまい、口ごもるのも当然です。


「本音を口にする」

ここは、本の大きなテーマ、とても大事なポイントです。

ここでは、あなたの今の「本音」をイメージしながら読み進めてください。


先に述べたように、ひとまず本音を口にすることで良い成果を得たわたしは、

「本音を出す」「ダメな自分お披露目」の場所を、少しずつ広げていきました。

上司、同僚など会社の人たち。

パートナーや友達、家族。

営業先の病院や医師。

ただやみくもに、本音を口にしていたわけではありません。

「ガマンせず、本音で生きるとうまくいくのか？」

このことを身をもって実験するのですから、こうしたらどうなるか、こっちはどうかといった試行錯誤の連続でした。

本音を言う
←
相手のリアクションを確かめる
←
いい感触を得たら、もっと自分の本音を出す
←
「変なキャラ」だと違和感をおぼえられたら、少し控えめにする
←
もう一度ためしてみる
←

おもしろいキャラだと思われるようになる
↓
より自分を出す
↓
あの人はこういうキャラなんだと認知される

こうした実験を少しずつ繰り返すこと、おおよそ3年。
営業成績はぐんぐんアップし、いつのまにかトップセールスを記録するようになっていたのです。

その結果、年収は150万円アップ。
20代後半で年収は900万円近くになっていたのです。
自分を殺してがんばっていたころは、昇進も昇給もまったくできなかったわたし。
それが素の自分を生きだしたとたん、状況が変わっていきました。

たぶん最初は「本音をいわなきゃ」と力んでいたと思います。

意識しないとなかなかできませんから。

でも、本音実験をくりかえし、うまくいきはじめるとそれも変わってきました。


「ダメな自分」は暗い部屋に閉じこもることをやめ始めます。

白日のまぶしさにもどんどん慣れていきました。

本音の自分、ダメな自分を見せるのが当たり前になってきたのです。


そうなると、しめたものです。

「本音で生きるって気持ちいい」

ココロがそう実感すると、アタマのほうもそれについてきます。


「そうか、本音で生きたほうがうまくいくのか」

「こんなことになぜ気づかなかったんだ」

「ダメな自分が表にでてもいいいんだ」

ダメな自分でうまくいくと、自信をもちはじめるのですね。
理屈のうえでは、そうなるのはわかっていたのです。
もともと、ダメはダメじゃない。
ダメな自分に戻るのは、神さまだった自分に戻ること。
だから強い。
強いだけでなく、しなやかで勇敢、かつ、美しいのですから。

「ダメな自分」のほうが恋愛もうまくいく

じつは、わたしの経験から言って、こういうことも言えます。
ダメな自分に戻ったほうが恋愛もうまくいく。
ウソでしょ、と言われてしまうかもしれませんが、事実そうなのです。

ダメな自分、本音の自分をだしたほうがうまくいくのです。

「好きでもない人なら自然に振る舞えるのに、すごく好きな人の前ではどうしても見栄を張ったり、いい人に思われたいと無理してしまう」

「この人と恋人になりたいと思うせいか、逆にギクシャクしてしまう」

「せっかくいい関係になれて、彼のために尽くしているのに、『重い』なんて言われてしまう」

こういう人は多いと思います。

好きだからこそ尽くす。

愛している人だからこそ、こっちを見てほしい。

多くの女性が願うことだと思います。

でも、それがかえって相手に負担を感じさせているかもしれない。

そう考え、「重たい」と思われたくないばかりに、好意を素直に表さない人もいますね。

好きだからこそ、素直に好意を表すことができない。

バリキャリによくあるケースです。

◉「さげまん」のメカニズム

この感じ、わたしはよくわかります。

いまでこそ最高のパートナーに恵まれ、日々シアワセを感じているわたし。

でも、そうじゃなかったころのわたしには、口が裂けても言えないセリフがありました。


それは「好き」とか「手伝ってくれる?」とか。

好きな人に対してですよ。


素直じゃなかったのです。

「本音で生きる」とは正反対の生き方をしていたのです。

「なぜそんな恥ずかしいことを言わなきゃいけないの？」

本気でそう思っていましたから。

「男性に負けたくない」

「同じように仕事してみせる」

職場でそうやって気ばっていたので、プライベートでも攻撃的になってしまっていたのです。

次々と難題を吹っ掛け、相手をどんどん追い詰めるわたし。

なぜそんなことをしていたのか。

「素のわたしなんて愛されない」

そう信じていたからです。

男性に負けまいとがんばっているわたしこそがわたし。

そんなわたしこそ、愛される資格がある。
そう思っていたのですね。
彼への無理難題は、それを確認するためのものだったのです。

そして向こうが折れると、「勝った!」と。
男女関係に勝ちも負けもあるはずがないのにです。

男性を振り回し、疲れさせ、相手の仕事へのエネルギーを削いでしまう。
こういうのをエネルギーバンパイアというのでしょう。
さすがに相手は逃げ出しますよね。
俗に言う「さげまん」のメカニズムはこれです。

でも、彼からどんなにエネルギーを奪おうと、そのエネルギーは、決して自分のものにはなりません。
逆に自分のエネルギーをも奪ってしまいます。

なぜなら、本来自分に向けるべきエネルギーを相手に向けているからです。

わたしのセミナーに来る女性にもこのタイプの人は多いです。


ところが、その場合はこうしたほうがいいよ、とコツを教えると、効果テキメン。

パートナーとの関係はいきなり良好になります。

「ダメな自分」を解放すると、いちばん早く効果があらわれるのは、じつはパートナーとの関係なのです。


なぜなら、パートナーはあなたを好きだからです。

だからこそ一緒にいる。

あなたとの関係をなんとか改善したいと願っている。

だからあなたが変われば、相手はテキメンに変わります。

◉「あげまん」のメカニズム

「毎日毎日食事をつくっているのに感謝してくれない」

とイライラする。

「いつも自分ばかり外で食べて、わたしだってたまには美味しいもの食べたいのに。

今度遅く帰ってきたらつくった料理を投げつけてやる！」

セミナーで出会った女性のなかに、こんなふうに思っている方がいました。

幼いころ、彼女の母親はほとんど食事をつくってくれなかった。
だから、結婚したら、自分はちゃんとご飯をつくるいい奥さん、お母さんになろう
と決めていたそうです。
ところが、毎日一生懸命につくったご飯を相手は「おいしい」とは言わない。
たまに言ってくれても、仕方なく言っている気がする――。

「じゃあ、ご飯つくるのが嫌な日、楽しくつくれないときはやめてみれば？
そして彼に、『今日は疲れているからご飯つくらないね。外で一緒に食べるか、何
か美味しいものとってもいい？』と、メールしてみて」

とわたしはアドバイス。

彼女はそのとおり実行したのです。


すると、彼は何が起きたのかびっくりした様子。

でも、内心は嬉しかったのか、

「たまに二人で外で食べるのもいいよね。今日は急だから近くの店にするけど、次はちゃんと予約して少しいいレストランに行こうか」

と楽しそうだったといいます。


がんばり屋さんには「わたしがなんとかしなきゃ」と、いろんなことを引き受けすぎて、結局イライラする人が多いのです。

「なんとかしなきゃ」とがんばってがんばって、でも相手が応えてくれない。

そうなるとイライラして、いきなり攻撃的になる。

本当はここまでしかできないのに、もっとできるフリをしているからです。

その人のキャパを超えたら、絶対にイライラがきます。

「それ、ぜったいにやめた方がいいよ。かならず行きづまるから」

そういう人にはこうアドバイスしています。


では、こういう人の対極、俗に言う「あげまん」の奥さんはどういうタイプか。

ひとことで言えば、ボーッとしている人です。

「だってわたし、何もできないんだもの」

こうあっけらかんと口にする人が多い。


「可愛いなあ。ダイヤモンドのネックレスが欲しいと言っていたから、買ってやるか」

そんな奥さんを見て、旦那さんは言うわけです。

富裕層の奥さまに多い「お花畑」タイプですね。

きれいにしているだけ、ゆったりしているだけ。

それが相手にリラックス効果を与える。

もっとも、相手に余裕を与えるためにゆったり構えているわけでもない。
自然に、当たり前に、息を吸うようにそうしているのです。
「ご主人とうまくいく秘訣はなんですか？」
そういう人に質問しても、
「そんなこと考えたこともないけど」と戸惑われるだけ。
自己評価が高いというより、そもそも自分を評価する必要もないのですね。

こんなタイプの女性は「わたしはそのままで愛される」と思っています。
その前提に基づいた行動は、
「そう、あなたを愛しているよ」という結果を連れてきます。

そんな女性だから大切にされるということ。
そんな奥さんをもった男性は、「オレがいないといけない」とせっせと仕事をする。
次はどうやって奥さん喜ばせてやろうかと思うだけで楽しくなる。

これが「あげまん」のメカニズムです。

だから、旦那さまにいい仕事をしてほしかったら、女性はがんばらないこと。
がんばらないというのは、すなわち自分のココロ、魂を大事にすること。
それはダメな自分を大事にすることとイコールなのです。

ココロを大切にすること。
「本当はこうしたい」を大切にすることで「ありがたいな」、そうココロから思えたとき、感謝が自然とあふれ、愛は循環していくのです。

◎「ダメな自分」こそ愛される

今の夫とは、最初に勤めた会社で知り会いました。
当時のわたしは、結婚願望の強い、いわゆる「重たい女」。
完ぺきな「さげまん」だったと思います。

先にもふれたように、男性と同じように仕事をしないと認められないとがんばっていたわたし。

完全に「オス化」し、恋愛もその延長線上にありました。

プライベートでも常にイニシアティブを取りたがる。

弱音は吐かない。

プライドもありますが、弱音を吐くと嫌われると恐れていたのです。


それでいて「結婚してほしい」という願望は強い。

彼と会うときには一生懸命「いい女」を演じました。

部屋に遊びにきたときには、かいがいしく世話を焼く。


世話を焼くのは女性らしいと思われがちですが、実はこれも「オス化」症状です。

世話を焼くことで相手に認められたい。

自分はあなたにとって役に立つと思われたい。

認められ、役に立ちたいという発想は、本来男性のものです。
それが女性であるわたしにやどったのは、やはり幼いころの経験です。
親に認められたいがためにガマンをしてきた。
そういう人特有の発想なのです。

「オス化」していたころに出会った彼に、わたしは弱みを見せませんでした。
ガマン強い、いい女を演じていました。
それが限界にきたのは、先にふれた潰瘍性大腸炎を患ったとき。
会社にたどり着くのがやっとだったころです。

血便が出たり、お腹が痛かったりしても、彼の前ではガマン、ガマン。
でも、やせるし、顔色も悪いし、元気もない。
それでもつらいなんて言わない。
でも、トイレに長く入っているなどの状況証拠はたくさんある。

だから、自分で口にしなくても、彼は気づいているはずと思っていました。

しかし、いつまでたっても彼は知らん顔です。

「どういうつもりでわたしと付き合っているのかしら？」

「もしかして、利用しているだけ？」

疑念がどんどん湧きでてきます。

ついにわたしは、彼をなんてひどいヤツと思うまでになってしまったのです。

ガマンの糸はあるときキレます、
別れを覚悟してわたしはついに言いました。

「血便が続いてるし、ご飯も食べられない、お風呂にも入れない。もう会社に行くどころか、生きていることさえイヤだ！」

彼の反応は、わたしの思い描いていたものとは大きく違いました。

「そんなにひどかったの？」

逆に、驚いたような顔で言ったのです。

「そんな大事なこと、どうして黙っていたの。話してくれたらよかったのに」


彼はボロボロ状態のわたしと接していても、それがわからなかったのです。

なぜなら、わたしが虚勢をはって元気に見せていたから。

そんなことを言って、彼がわたしのもとから去るのが怖かった。

それで、ガマンにガマンを重ねていた。


でも、そんながんばりは、なにもいい結果をもたらさなかったのです。

むしろ、状況が好転したのは、がんばるのをやめて、自分の弱さを出したときでした。


弱さを見せたわたしを、彼は受け止めてくれました。

弱さ＝ダメさを自分にさらけ出してくれたのは、自分を信頼しているからだと思ってくれたのです。

そして、その弱さもろともわたしを愛してくれたのです。

◉「ダメな自分」を消してしまうことはできない

わたしの話は中断して、では、ここで問題です。

ダメな自分、自分の弱さを出したとき、

「いやあ、ボクにはそんなこと言わないでよ」

「ボクの前ではカンペキな女でいてよ」

と言われました。

さあどうするか？　です。


「はい、そういう人とは別れましょう」

これがわたしの答えです。


「いやいや、愛しているなら自分への期待に応えつづけるのもいいんじゃないですか?」


そう考える人もいるかもしれません。

でも、そういう人とはたとえ一緒になれても、いつかは後悔するのではないでしょうか。

たとえそれが「玉の輿」だったとしてもです。


パートナーに弱いところを見せないで生きていく自信がある人。

そういう人はそれでいいかもしれません。

でも、そんなことができますか?

だってそれは、「愛されないわたし」でずっと生きていくということです。

それでシアワセになれるはずがありません。


ダメなところを愛してくれない人といっしょにいることができるでしょうか?

できないと思います。

仮にできたとしても、ココロが満たされることはないと思うのです。

◉本音を言いあわないふたりは危ない

ダメな自分、本音の自分をだすようにしてから、会社でもすべてがうまくいきはじめた。

その話は先ほどしました。

それからのわたしは、しだいに好きなことを仕事にしようと決意します。

そして脱サラして結婚。

すると、その翌年、彼も会社を辞めてしまったのです。

「会社辞めようと思うんだけど」

そう言われたときはビックリしましたが、反対はしませんでした。

好きなことを仕事にしようと始めたブログ。

そのタイトルは「自分らしく生きたら豊かになるのか？」。

そんなわたしが、彼の脱サラを邪魔するのはおかしいではないですか。

「じゃあ、ふたりでやってみようか」

そういうわけで、今では企画などの創作活動はわたし、彼にはわたしの苦手な金銭的な管理や運営、プロデュースなどをやってもらっています。

結果からみれば、彼が脱サラしていなかったら、大変でした。

スピリチュアルコンサルタントを名乗って、好きなことを仕事にしたわたし。

ブログへのアクセス数もすごい勢いで伸びて、仕事の規模はどんどんふくらんでいきました。

たちまち一人ではとてもやっていけないほどの規模になったのです。

彼に助けてもらわなければ、とてもやってこられなかったと思っています。

あのときもし、強がって、「大丈夫！」なんて言っていたりしたら……。

すぐに抱え込んでつぶれていたことでしょう。

脱サラしたあとも、ケンカはあります。

離婚の危機も何度か。

そのたびにわたしたちは、話し合い、仲直りして、

「なんでも話すようにしようね」

と言いあっています。


「どちらかが疲れたら、疲れていないほうが働く」

この言葉はお互いの安心と信頼を深めました。

それが、ますます豊かさを引き寄せる要素にもなっているのです。

◉本音と文句はちがいます

この章の最後に一つ。

「好きは好きなんだけど、あそこだけは直して欲しいなあ」

パートナーとの関係に不満を持っている女性は多いと思います。

そんな女性に聞きます。

「自分の気持ちをちゃんと言っていますか？」

「もちろん」と答えたあなた、どんなふうに伝えていますか？

「自分ばっかり好きなことをして。アタマにくる！」

そうですか。

でもそれは本音ではなくてただの文句です（笑）。

そうではなくて、

「わたしももっと好きなことしたいな！」

これが本音です。

そこを間違わないようにしましょう。

じつは言いたいことを言って別れるケースは意外に少ない。

言いたいことを言わずに別れるケースの方が多いのです。

だから、甘えたいときは甘えたほうがいい。

さびしいときは、さびしいと言ったほうがいい。

言いたいことをガマンするくらいなら、本音を言い合って、どうすればいいかを話し合ったほうがいい。

「本当はもっとあなたとの時間を増やしたいの」

「どうしても今日はお料理できないから、外で食べようね」

そんなふうに、素直に気持ちを伝えましょう。

◉おわりに

「素直になりなよ」

「素の自分をだそうよ」

「ダメな自分も自分」


病気になって、「もうこれ以上がんばれない」と思ったとき、そうささやく声がどこかで聞こえたのかもしれません。

スピリチュアルの本にはまっていったのも、「あなたは素のままでいいんだよ」、そんなふうに言ってくれるものに出会いたかったということかもしれないと、今では思います。

あなたはあなたのままで、ぜったいにシアワセになれる。
あなたのままで成功できる。
この本の最初に書きました。

あなたはあなた以外のだれにもならなくていいのです。
だれかの期待に応えるため、だれかを安心させるために生きるのはやめませんか。
無理をしてあなた以外のだれかに変身しても、シアワセはやってきません。
それよりも、自分のココロを信じて、自分のハートで生きていきましょう。

ガマンの時代はおわりました。
がんばってガマンしてシアワセをつかむ時代はおわったということです。

だって、そもそもシアワセは「あった」のですから。

あなたがいま、輝いていないとしたら、
ココロが満たされていないとしたら、
それは、あなたのなにかが欠けているのではありません。
能力が足りないのでもありません。

原因はただひとつ。
それは、ほんとうのあなたの良さが出ていないからです。
「ダメ」に隠れたあなたの魅力が出ていないからです。

それをだすには、必要なことがひとつだけあります。
気づくことです。

がんばって取りつくろっているいまの自分は、ほんとうの自分ではない。

そこに気づくこと。
自分が考え、選んできたというその自分。
それはほんとうの自分ではないかもしれないと気づくことです。

ほんとうの自分を受け止めてあげられたとき、
感謝が自然と内側から湧いてきます。
そのあたたかい気持ちが、自分が輝きながらも、相手を思いやれる良い循環になっていくのです。
感謝と他力を感じながら、「生かされる」のですね。

だれもがちいちゃな神さまであるということを思い出してください。
そこに気づくことができれば、かならず戻ることができます。
ほんとうの自分に。
ダメだったころの自分に。
愛、そのものだった自分に。

4章のまとめ

✤ ダメな自分にもどるには、まず自分を縛っているものの正体を知ること。過去を見つめなおしてみよう。

✤ イライラするのは、「もうできないよ～」というココロの叫び。苦しい現状があるのなら、その声に耳をかたむけ、そういうダメな自分をだしてみることが必要。

✤ やみくもに本音をだすのではなく、相手の反応を見ながら本音をうまく伝えることが大事。

✤「ダメな自分にもどる」ことで即シアワセ効果がでるのは、パートナーとの関係である。

✤「素のままの自分は愛されない」と思うからがんばってしまう。あなたのまま愛されなければ、愛されたことにならない。

✤ さびしいなら「さびしい」、こうしてほしいなら「こうしてほしい」とお互いに本音が言える関係がないと男女関係はつづかない。

✤ 相手を非難する言葉ではなく、「こうしたい」という本音を伝えよう。

ダメトレ
成功体験集

――ダメな自分に戻って
シアワセになった
わたしたち

ダメトレ成功集1

素に戻ると、私って天才だったんだってわかる

子どもの頃からクラシック音楽を勉強し、大学を出て演奏活動を行っていました。でも仕事として演奏をするうちに、本来の喜びがどんどん薄れていき、演奏すればするほど苦しい。

無理して続けているうちに体調も悪くなる一方で、結局活動も減り、私生活もものすごい閉塞感。ついには八方ふさがりの状態になりました。

そんな中、アヤさんのブログに出会い、女性性のお話や、本当の自分のやりたいこと、好きな事がなによりも大事なこと、などなど少しずつ蓄積していきました。

ゆっくりとですが、自分が自分に厳しくしていたこと、エベレストのような高い場所に登らなければという思い込みがあったこと。そのエベレストはイリュージョンであったこと、世の中はほんとは優しいこと、などなど、だんだんと腑に落ち始めました。

一歩ずつ、少しずつ、素の自分に戻っていきました。

本当に気の合う共演者と出会い、今では、「えっ！　こんなんでいいの⁉」という感覚で演奏してます。

努力もゼロ。なのにたぶん前より表現は豊かだと感じるし、なにより楽しさ、喜びが戻りつつあります。こ、これでよかったのか……という実感が脱力と共にきております。

自分が、自分の素質を認めることができてきたのだと思います。

不思議な事に、今まではそこを一生懸命見ないようにしていたんですね。

誰かのように演奏して、誰かのように振る舞わないといけないんだと思い込んでいました。

自分の魂はガン無視。こんな風に演奏したいな、こうしたら美しいな、という自分の望みは、偉い人や音楽界でのルールや評価を前に押し込めていました。

素の自分の中には、お宝が埋まっている…のがわかってきました。

アイデアの宝庫ではないか。いや、まじで私、天才だったんだ。それを忘れていたとは、なにやっとったんじゃ…と自分に呆れ返るこの頃です。

本来の自分に戻るための道。そこに戻る決心は自分にしかできない。タイミングも、自分にしか決められない。そこは人それぞれ、納得して決めればいいと思います。

（律さん）

ダメトレ成功集2

アラフォーで下着モデル。プライドを脱ぎ捨てたその結果

私は現在38歳。独身、彼氏あり、外資系生命保険会社勤務10年、年収1000万円弱、フルコミッション。いわゆるバリキャリでした。

素直に人体実験をして約1年半。

変化があり過ぎて毎日スキップしちゃうほどです。そんな私の人体実験のいくつかをシェアさせていただきます。

私は9年間補正下着をつけています。時々、大会やパーティーがあって「下着のモデルで出場してもらえませんか?」と言われ続けていました。

富士山ほどプライドの高い私は、「下着姿で40歳近い私が出るなんて、みっともない」と拒否していましたが、「これも人体実験の一つだ! 体型変化より、このダサいプライドを自ら脱ぐ時期が来た! 下着姿で出るということは、ほぼ素っ裸! 心も素っ裸になってみよう」と、出場しました。

これまでの私だったら絶対にやらないことを敢えてやることで、その先にどんな世界が見えて、その時私は何を感じるのだろう？　と思うと、ワクワクと同時に恐怖心がありました。

でもその結果、自分の体を愛おしく思えるようになり、毎晩のマッサージ、信号待ちの立ちポーズ、背中を意識した歩き方、運転中の無駄に笑顔の練習など、どの角度からの笑顔が一番可愛いか？　どう歩くとスマートに見えるか？　スピーチでは何を表現したら私らしさが伝わるか？　相手の心の琴線に触れるための工夫、どうしたら、楽しめるか？　etcを毎日毎日、自分の魂と対話して、自分の感情を深掘りして、実践を繰り返し、しつこいほど繰り返し、無事に大ホールの舞台で下着姿でのモデルで歩き、最後は絶対に着ることなんてないドレスを着て出場することが出来ました。

以来、言葉選びも遊び感覚になり、どうしたら相手の心に残る言葉を使えるか？　相手は何を望んでいるか？　心の底から湧き出てくる言葉に、色をつけてリズムある会話が出来るようになりました。

数千万円単位で資産を預けていただくご契約が増えて、彼氏ともうまく行き万々歳の毎日です。

（あいちゃんさん）

ダメトレ成功集3

障害者だけど、好きな仕事をしてます！

スピリチュアルダイエットコーチをしています。

自分と主人のADHDをずっと疑っていましたが、子供も三人いることと、自分たちでも認めたくない、怖いという気持ちから診断を受けることを躊躇していました。

タマオキさんのブログでパズルの法則を知り、ADHDかもしれない、それでもいいじゃないいと、自分でも認められるようになり、夫婦して病院へいき、障害者手帳を貰いました。

ずっとずっと貧乏で、お互いを責めあっていました。

でもこのことがさっかけになり、周りにパズルの合う人がたくさんいるほうがいいと、自分たちで環境を選び、変えるようになりました。

今まで、何をしても続かなかった主人もNPO法人の理事長となり、仕事が楽しいと言いだし、毎月ちゃんと家庭に給料を持ち帰るようになりました！

奇跡です♡

私も、看護師を辞め、自分の特異性を生かしたスピリチュアルダイエットコーチとして活動を始め、ようやくスタートを切ったところです。

夫婦二人して障害者でありながら、好きな仕事をして、豊かに過ごせて、子ども達ものびのび育ち、夫婦仲も超良くなり、もう、以前の貧乏生活とは別世界です！！

年数はかかりましたが、パズルの法則を、数年前のあの時、見れて本当に良かったです！

（ちぇりあんさん）

ダメトレ成功集4

夫や周りの人からも、頑張らなくても愛されると知りました。

旦那さんの前で、
①素のままのわたしでいる
②できないことや弱さも隠さず、助けて欲しいと素直に言う
③頑張らないとできないことはやらない
この3つを実践しました。

するとどんどん旦那さんは優しくなり、溺愛されるようになりました。

お付き合いと結婚生活合わせて11年になりますが、史上最強にラブラブです。同士、親友、もう言葉にできないくらい素晴らしい関係を築くことができました。

性的にも、以前旦那さんは調子が良い時と悪い時すごく波がありました。ところが上記の①②③を実践したところ、今では当時が嘘のように強く逞しくなりました。

付き合って11年なので年はどんどんとっていますが、旦那さん、若返っています。

職場での自分も変えました。

「仕事ができない私はダメなやつ」という考えから「ポンコツでも何の問題もない」という前提に変えました。

①自分で自分を責めることをやめる
②できないことは助けてもらう

この2つを実践しました。

すると苦手な上司は人が変わったかのように優しくなり、シフトがかぶると憂鬱になっていたお局はなぜか急に退職してしまいました。

ほどなくして、まさかの旦那さんの転勤にともない私も異動。異動先の人たちはみんな優しくいい人で、お客さんも品があって素敵な人ばかり。何年も頭を悩ませていた人間関係の悩みがゼロになりました。

職場には嫌な人がいて当たり前という恐ろしい思い込みも消えました。

パートですが待遇もよく、アパレルなのに土日休み、連休も好きな時に取れます。日時給もアップしました。オタマメソッド最強です ٩(๑´∀`๑)۶

（ににすけさん）

ダメトレ成功集5

給料が減る選択をしたのに、シアワセになりました。

私はこれまで、『お金は頑張って稼ぐもの』だと思っていました。けれど、アヤさんに出会って、優先順位が「自分の気持ち∨仕事、お金」に変わりました。

我が家は夫、子ども2人（3歳、0歳）の4人家族です。「仕事のために家族、自分を犠牲にしない。子どもとの時間を大切にする」という理想のあり方を実現すべく、正社員ながら、思いきって勤務時間を週25時間（1日5時間）に減らしました。

上司に自分の気持ちを伝えられるか？　給料減って今後、生活できるか？　と、びくびくしながらも伝えました。

「給料が10万円位減るわよ」と言われましたが、時間に追われない生活がしたいという自分の気持ちを優先させました。

その結果、子どもを急かすことなく保育園に送り出し、ラッシュにも遭わず余裕を持って出勤。

退社時間も早いので、家事や子どもと遊ぶ時間が持てて、気持ちが楽になりました。これまで時間に追われて張りつめていた緊張感が和らいだのを実感しています。

旦那さんには「これからはあなたのお給料が頼りです」と、甘えてみました（笑）。

すると、旦那さんのボーナスが前年より10万円近くアップしていました（笑）。

旦那さんに理由を聞いても『よくわからない』だそうです。

私のお給料はというと、勤務時間を減らしたにも関わらず、手取額がこれまでと変わらない額でした（笑）。その理由は未だに分かっていません。

理想のあり方を優先したら、なぜだかお金がそれに合わせてついてきました。

オタマメソッドのおかげとしか言いようがありません‼

アヤさん、ありがとうございます‼

（わこさん）

装幀●清原一隆（KIYO DESIGN）
本文デザイン・DTP●桜井勝志
編集●飯田健之
編集協力●松山 久

ダメになるほど豊かになれる

2019年2月14日　第1版第1刷

著　者　タマオキアヤ
発行者　後藤高志
発行所　株式会社廣済堂出版
〒101-0052東京都千代田区神田小川町2-3-13M&Cビル7F
電話 03-6703-0964（編集）　03-6703-0962（販売）
FAX 03-6703-0963（販売）
振替00180-0-164137
URL　http://www.kosaido-pub.co.jp

印刷所
製本所　株式会社廣済堂

ISBN 978-4-331-52192-2　C0095